I0494756

L'AUTO-ÉDITION
POURQUOI
COMMENT
POUR QUI

Charlie Bregman

L'AUTO-ÉDITION
POURQUOI COMMENT POUR QUI

[GUIDE PRATIQUE]

GRANDE ENQUÊTE RÉALISÉE
AUPRÈS DE 130 AUTEURS FRANCOPHONES

[SÉRIE AUTO-ÉDITION – Tome 2]

Auteur Éditeur

SITES OFFICIELS DE L'AUTEUR

http://www.auteursindependants.com

http://charlie-bregman.iggybook.com

http://charliebregman.wix.com/la-vie-meilleure

Table des matières

1. Quand avez-vous diffusé votre premier ouvrage ?

2. Quand avez-vous diffusé votre dernier ouvrage ?

3. Combien de jours consacrez-vous en moyenne, chaque mois, exclusivement à votre activité d'auteur auto-édité ?

4. Pourquoi avez-vous choisi l'auto-édition ?

5. Genres littéraires pratiqués

6. Êtes-vous actuellement un auteur publié à compte d'éditeur, parallèlement à votre activité d'auto-édité ?

7. Avez-vous été dans le passé un auteur publié à compte d'éditeur ?

8. Si vous n'êtes pas publié à compte d'éditeur, que feriez-vous si une maison d'édition sérieuse vous contactait pour vous le proposer ?

9. Combien d'ouvrages gratuits inédits avez-vous déjà publiés jusqu'à aujourd'hui ?

10. Combien d'ouvrages payants inédits avez-vous déjà publiés jusqu'à aujourd'hui ?

11. Avez-vous déjà participé à la réalisation d'ouvrages collaboratifs (gratuits ou payants, au format papier ou numérique) avec d'autres auteurs auto-édités ?

12. Vous souciez-vous de la paternité de vos ouvrages ?

13. Combien d'exemplaires avez-vous écoulés de votre ouvrage qui a rencontré le plus grand succès ?

14. A combien s'élèvent vos revenus mensuels en tant qu'auteur auto-édité ?

Partie 2 : Auto-édités, comment travaillez-vous ? p. 63

15. Avez-vous recours à un coach ou conseiller littéraire pour écrire vos ouvrages ?

16. Si vous avez recours à un coach ou conseiller littéraire, est-ce que cela vous coûte de l'argent ?

17. Avez-vous recours à un ou plusieurs lecteurs avant de finaliser un ouvrage ?

18. Si vous avez recours à un ou plusieurs lecteurs, est-ce que cela vous coûte de l'argent ?

19. Pensez-vous que ces premiers lecteurs avant publication ont un avis objectif sur votre ouvrage ?

20. Avez-vous recours à une tierce personne pour trouver un titre à votre ouvrage ?

21. Avez-vous recours à une tierce personne pour rédiger le résumé de votre ouvrage ?

22. Si le résumé de votre ouvrage est effectué par une tierce personne, cela vous coûte-t-il de l'argent ?

23. Pensez-vous que la syntaxe et l'orthotypographie du contenu de vos ouvrages n'ont rien à envier aux ouvrages publiés par les maisons d'édition ?

24. Avez-vous recours à un ou plusieurs correcteurs avant de publier vos ouvrages ?

25. Si vous avez recours à un ou plusieurs correcteurs, cela vous coûte-t-il de l'argent ?

26. Pensez-vous que les couvertures de vos ouvrages sont « vendeuses » ?

27. Avez-vous l'habitude de confier la mise en page et l'éventuel formatage de vos ouvrages à une personne plus compétente que vous ?

28. Seriez-vous intéressé par la mise en place d'un « label qualité auto-édition » visant à développer la crédibilité des auteurs auto-édités ?

29. Savez-vous que ce label qualité existe déjà ?

Partie 3 : Auto-édités, comment vous faites-vous connaître ? p. 77

30. Avez-vous un blog ?

31. Si vous avez un ou plusieurs blogs, y en a-t-il au moins un de collaboratif ?

32. Avez-vous un site personnel destiné à promouvoir votre catalogue de publications ou y commercialiser vos produits ou services ?

33. Avez-vous conçu vous-même votre ou vos site(s) personnel(s) ?

34. Avez-vous déboursé de l'argent pour réaliser votre ou vos site(s) personnel(s) ?

35. Comment faites-vous pour vous faire connaître en tant qu'auteur ?

36. Avez-vous recours à un copywriter pour rédiger vos pages de vente ?

37. Vos ouvrages sont-ils publiés au format numérique ?

38. Quels sont vos canaux de distribution pour vos ouvrages numériques ?

39. Selon vous, à quel tarif doit se commercialiser un livre numérique de 50 pages maxi ?

40. Selon vous, à quel tarif doit se commercialiser un livre numérique de 50 à 100 pages ?

41. Selon vous, à quel tarif doit se commercialiser un livre numérique de 100 à 200 pages ?

42. Selon vous, à quel tarif doit se commercialiser un livre numérique de 200 à 500 pages ?

43. Vos ouvrages sont-ils publiés au format papier ?

44. Le coût de revient de vos tirages vous semble-t-il constituer un frein à la bonne diffusion de vos ouvrages ?

45. Si vos ouvrages sont disponibles au format papier, quels en sont les moyens de production ?

46. Quels sont vos canaux de distribution pour vos ouvrages au format papier ?

47. Un ou plusieurs de vos ouvrages sont-ils référencés dans une ou plusieurs bases de données accessibles aux libraires ?

« Le pessimisme est d'humeur ; l'optimisme est de volonté. »

Alain (1868-1951)
– Propos sur le bonheur –

En remerciement aux 130 auteurs qui
ont contribué à l'élaboration de ce livre,
en répondant avec honnêteté et générosité
au formulaire de mon enquête,

à toutes celles et ceux qui contribuent à faire
connaître cet ouvrage, sur la toile ou au-delà,

et en particulier à Chris SIMON,
auteure de l'excellent blog « le Mag des Indés »,
dont je ne compte plus les partages de posts,
soutiens, tweets et retweets en tous genres.

À toutes celles et ceux qui veulent se lancer
dans l'auto-édition, ou qui veulent
développer intelligemment leur activité.

AVANT-PROPOS

Je me souviens avoir eu un jour l'audace (et même le culot) de pousser la porte d'une librairie locale, avec, au fond du sac, mon livre auto-édité à leur proposer en dépôt-vente. Malgré le fait que j'avais essayé d'écrire ce livre avec le plus de professionnalisme possible, je ne pouvais m'empêcher de me sentir un peu comme un imposteur. Ce roman, qui avait pris forme sur un blog, qui avait pourtant été encouragé par un lectorat de plusieurs centaines d'internautes chaque jour pendant plus d'un an, puis entièrement relu par une correctrice professionnelle, publié d'abord en quelques dizaines d'exemplaires pour en recueillir des avis objectifs de journalistes, de blogueurs, d'autres auteurs, et surtout de lecteurs qui ne faisaient pas partie de mon entourage, demeurait probablement rien de plus que le premier bouquin d'un auteur qui n'avait aucune crédibilité, puisque ne bénéficiant d'aucun gage de qualité de la part d'un quelconque éditeur.

C'était donc en connaissance de cause que je m'étais décidé à relever ce défi parfaitement saugrenu de me confronter aux suspicions que mon statut très particulier pouvait susciter. Pour faire une comparaison facilement compréhensible, je crois que c'était comme si j'avais dû me présenter à un examen oral éliminatoire tout en ayant délibérément séché les cours durant toute l'année.

« Il y a trop d'humour, dans ton bouquin ! »

« Comment tu vas lui expliquer ton mélange des

genres ? »

« Et si les avis positifs que tu as récoltés proviennent de gens qui n'y connaissent rien ? »

« Ce n'est peut-être qu'une grosse daube, ce roman ! »

Avec cette petite voix intérieure qui ne cessait de me harceler, mon défi me semblait absolument hors de portée. De plus, un conflit intérieur sordide s'était emparé de ma personnalité. Qui étais-je, pour commencer ? Quel était précisément le rôle que je devais assumer, en entrant dans cette librairie ? Étais-je un auteur ? Un éditeur ? Un vendeur ?

Derrière quelle étiquette devais-je me protéger, pour remporter la partie ?

L'humilité excessive de l'auteur peu convaincu que j'étais me semblait totalement incompatible avec l'assurance qu'aurait dû avoir un vendeur qui aurait eu à effectuer le déplacement dans le but de placer son produit. Ne sachant pas comment résoudre ce dilemme, je m'entendis prononcer une phrase des plus banales : une de celles qu'aurait pu poser n'importe quel client.

— Bonjour. J'aimerais savoir s'il vous arrive de proposer des livres auto-édités à vos clients ?

La libraire ne me fit pas répéter. C'était comme si j'étais venu frapper à la porte des cuisines d'un grand chef étoilé pour lui demander si le Big Mac™ accompagné de sa grande frite faisait partie de son menu.

Après un léger temps d'incrédulité, elle eut un

petit rire libératoire, qui en disait long sur tout le mépris qu'elle avait à l'égard de ce procédé d'édition qui frisait l'imposture :

— Ah non ! On ne fait pas de ça dans notre librairie !

La réaction de la libraire au sujet de l'auto-édition ? Un petit rire plein de mépris à l'égard de ce procédé frisant l'imposture.

Ne me sentant pas l'âme d'un diplomate avec pour seul argument en poche un roman dont j'étais à la fois l'unique avocat et celui sur qui reposait toute la culpabilité de l'avoir écrit, je décidai de laisser mon chef d'œuvre inconnu là où il était, c'est-à-dire tout au fond de mon vieux sac en toile, et ne pas pousser plus loin la discussion.

Ma première tentative était un fiasco. Point. Ce n'était certainement pas le moment de déballer ma casquette d'auteur à cette vestale du business éditorial. Et puis je ne pouvais m'empêcher de me dire en mon for intérieur qu'il était impossible de se dresser contre des préjugés en le faisant de manière aussi impliquée, avec autant d'enjeux et d'ego. Après tout, n'aurais-je pas eu un peu de mal à la convaincre que mon livre pouvait être une exception, puisque je n'en étais pas du tout persuadé moi-même ? Tout ce que je savais, c'est qu'il avait plu à un certain type de lectorat, mais ce lectorat, je ne l'avais jamais rencontré. Des mails, des commentaires sur les réseaux sociaux, des critiques publiées de-ci de-là sur des blogs... Ces grands nostalgiques des années 80, qui avaient connu leur premier amour à ce moment-là, ces lectrices qui m'avaient remercié de les avoir fait rire jusque dans la morosité ambiante des rames du métro, et ces quelques lecteurs masculins qui s'étaient étonnés eux-mêmes, après avoir cédé aux multiples insistances de leur compagne, d'avoir dévoré plus de 400 pages jusqu'au bout alors qu'ils n'avaient pas ouvert un livre depuis leur sortie d'un système scolaire qui les avait probablement dégoûtés de la lecture, tout cela restait très virtuel, non ?

Par conséquent, même si l'argument de vente derrière lequel je pouvais me positionner était aux antipodes de toute fierté personnelle (il existait probablement un vrai lectorat pour ce bouquin), mon inquiétude était de savoir si ce lectorat pouvait justement bénéficier d'une certaine crédibilité aux yeux de cette libraire.

Bien que l'envie de battre en retraite me titillât l'esprit à plusieurs reprises, il me parut plus commode de me réfugier derrière mon masque de client, grâce auquel je pouvais rester un auteur incognito. Je décidai ainsi de prendre tout le temps nécessaire pour prendre connaissance des petits trésors de ce petit temple culturel, l'air de rien, et m'amusai à y découvrir des quantités de livres tous aussi hétéroclites les uns que les autres. Parmi ceux-ci, des ouvrages aux couvertures désastreuses, d'éditeurs qui croyaient encore que le livre n'a rien d'un objet, et d'autres, à l'opposé, qui arboraient un graphisme magnifique dont les effets tombaient à l'eau dès que je les retournais pour en découvrir le résumé. Parmi les dernières nouveautés, beaucoup de témoignages, de biographies de personnages publics qui avaient sans doute fait écrire leur livre par des nègres dont le nom serait soigneusement gardé secret (ou, au mieux, dissimulé dans une longue liste de remerciements à la fin de l'ouvrage)... et puis là, sur une étagère, bien en évidence, celui qui au fur et à mesure des décennies avait su conserver sa place parmi les indétrônables mythes de la littérature avec un grand L : l'immense, le formidable, l'inégalable Marcel Proust.

Dommage que la libraire était occupée avec deux autres clients. Je lui aurais bien rappelé que ce cher monsieur, né assez fortuné pour ne jamais avoir eu à sacrifier ses heures d'écriture au détriment d'un travail beaucoup plus bassement alimentaire, était bel et bien le pape de l'auto-édition !

Je continuai mon petit repérage, et me retrouvai à nouveau devant la tête de gondole qui faisait face à l'entrée, là où était exposée toute l'actualité incontournable du moment. Parmi les titres qui avaient le plus de succès à l'époque, le phénoménal *50 nuances de Grey* et ses deux compagnons de trilogie tenaient une place prépondérante, dans un effet de masse que personne n'aurait pu éviter. Tiens ! Encore un succès issu de l'auto-édition ? La phrase de la libraire résonnait encore dans mon esprit : « Ah non ! On ne fait pas de ça dans notre librairie ! » Je nageais donc en plein surréalisme.

Et là, n'était-ce pas le premier roman d'Agnès Martin-Lugand, *Les Gens heureux lisent et boivent du café* ? Le savait-elle, au moins, la libraire, que cette auteure pleine de talent avait été repérée par les éditions Michel Lafon après avoir pris l'initiative d'auto-éditer son livre sur Amazon, suite aux refus de plusieurs autres maisons ?

Et pourtant, les libraires ne semblaient pas aussi regardants vis-à-vis de l'auto-édition lorsqu'il s'agissait d'encaisser leurs commissions de 35 à 40% du prix du livre *50 nuances de Grey* !

La société a ses diktats. Chaque profession, chaque corporation, n'attribue pas son titre de noblesse à n'importe qui et de n'importe quelle façon. Je crois qu'il n'existe pas un seul domaine professionnel qui ne soit pas régi par des codes bien précis. Bien que toutes les institutions spécialisées essaient de faire croire à leurs élèves qu'ils peuvent intégralement disposer de leur propre faculté de jugement, la vérité, c'est que l'on est accepté par ses pairs que lorsqu'on a su leur prouver une réelle capacité à pouvoir les honorer par mimétisme, et donc accepter l'intégralité des codes du genre.

Le statut d'auteur n'échappe pas à cette règle.

Aujourd'hui, pour la majorité des gens, un auteur, un « vrai » (parce que attention, restez vigilants, c'est comme les billets de banque, il y en aurait des faux !), c'est quelqu'un qui a été publié par un éditeur. Le dictionnaire pourra bien donner toutes les définitions possibles de cette profession, il n'empêche que l'auteur d'un livre ne sera jamais simplement celui qui l'a écrit, mais plus précisément celui qu'une maison d'édition a pris la décision d'anoblir. Peu importe la raison, d'ailleurs, qu'elle soit justifiée ou non, qu'elle soit issue du copinage, de la relation sexuelle licite ou illicite, de la célébrité déjà acquise de la personne qui signe la paternité de l'ouvrage, ou plus simplement parce que le livre est une vraie pépite. Depuis longtemps, les lecteurs ont pris l'habitude de faire confiance aux éditeurs parce que ces derniers ont réussi, au delà de la liste des noms d'auteurs plus ou moins éphémères (et qui me ferait presque dire que « les auteurs passent, là où les grands éditeurs jamais ne trépassent ! »), à accumuler toujours plus de crédibilité au point de s'imposer comme étant désormais les seuls à pouvoir alimenter l'actualité littéraire, ou savoir d'emblée faire la différence entre ce qu'est un bon livre et ce qui ne mérite pas d'être considéré comme tel (et donc à savoir précisément faire la distinction entre un auteur à qui l'on peut accorder sa confiance absolue, et un écrivaillon de première catégorie qui ne serait finalement qu'un imposteur).

Un auteur qui ne bénéficierait pas de la protection absolue d'un éditeur ne peut être qu'un imposteur !

Sauf que dans cette sélection rigoureuse et impitoyable (500 000 ouvrages seraient refusés chaque année, rien qu'en France, par les maisons d'édition), plus que jamais soumise à l'impératif économique depuis que le nombre de lecteurs ne cesse de baisser, il demeure une certaine quantité d'impairs. Un ouvrage difficile à cataloguer dans une certaine catégorie plutôt qu'une autre, par exemple, ou qui ne répondrait pas aux attentes supposées du public parce que d'un genre nouveau ou bien dépassé, écrit d'une plume peu conformiste et qui plus est, signé d'un nom inconnu, exigerait de l'éditeur une telle prise de risque que 99 fois sur 100, le retourner à son envoyeur avec une lettre de refus « standard » resterait la décision la plus raisonnable.

C'est ainsi que dans la lignée des fameux Marcel Proust, refusé par André Gide en 1912 pour le compte de la maison Gallimard, Louis-Ferdinand Céline en 1932 ou encore Julien Gracq en 1938 (tous deux refusés également par Gallimard), de nombreux auteurs contemporains aujourd'hui célèbres (pour ne citer que les exemples les plus édifiants) ont connu des retours qui en auraient certainement découragés plus d'un : Bernard Werber aura persisté dans son projet pendant six ans pour que les éditions Albin Michel finissent par accepter de publier *Les Fourmis* en 1991 (20 millions d'exemplaires vendus et traduit en 30 langues) ; J. K. Rowling se sera vu refuser le manuscrit de *Harry Potter à l'école des sorciers* par une douzaine d'éditeurs avant qu'une maison d'édition américaine, consultée par son agent, décide d'en acquérir les droits en 1997 (450 millions d'exemplaires vendus de la série, traduite dans près de 70 langues) ; Anna Gavalda aura essuyé une dizaine de refus sous prétexte que les recueils de nouvelles ne se vendaient plus (*Je voudrais que quelqu'un m'attende quelque part*, son premier recueil, est aujourd'hui traduit en 27 langues) ; etc., etc., etc.

C'est dans ce contexte plein de paradoxes qu'ont commencé à émerger, depuis quelques années seulement, des solutions techniques comme l'impression à la demande et le format numérique.

Le manuscrit de *Harry Potter à l'école des sorciers* a été refusé par une douzaine d'éditeurs...

Associés à l'énorme possibilité de nouer des réseaux de contacts, via internet, sans avoir à débourser le moindre centime en frais de déplacements, ces nouveaux moyens semblent s'imposer progressivement comme une révolution culturelle majeure, en permettant à des auteurs qui n'avaient jusque-là accès à qu'une visibilité très restreinte, d'accéder en toute indépendance à des leviers de promotion et de diffusion que de nombreuses maisons d'édition ne maîtrisent pas toujours elles-mêmes.

Sans doute par crainte de ne pas savoir s'adapter à ces changements comportementaux sans tirer leur épingle du jeu, de nombreux acteurs de l'industrie du livre (les mêmes qui ont pourtant brandi haut et fort leur slogan « je suis Charlie » en défense à la liberté d'expression suite aux événements du 7 janvier 2015 à Paris) préfèrent rejeter d'un bloc tous les auteurs auto-édités en décrétant d'emblée que si leurs ouvrages n'ont pas trouvé d'éditeur, ce ne peut être que parce qu'ils ne méritent simplement pas d'être publiés.

C'est dans le but de faire évoluer ces points de vue un peu étroits que j'ai voulu mener une grande enquête auprès des auteurs auto-édités francophones, sous forme de sondage qui est resté accessible en ligne du 01 août au 10 septembre 2014 (les statistiques mentionnant l'année 2014 concernent donc en réalité la période s'écoulant du 1er janvier au 10 septembre 2014).

Afin d'écarter volontairement des personnes trop novices en la matière, qui auraient pu démontrer leur méconnaissance de l'auto-édition en l'assimilant au simple fait de s'auto-publier (je reviendrai sur la nuance importante qu'il existe entre les deux un peu plus loin), j'ai décidé de ne m'adresser qu'aux auteurs « actifs depuis plus d'un an ».

Malgré ce critère de sélection clairement défini dès le départ, deux profils ont dû être écartés du traitement des réponses du fait qu'ils ne mentionnaient aucune publication, ni gratuite, ni payante, et 17 autres auteurs (soit 13% des personnes interrogées), qui n'avaient débuté leur activité qu'en 2014, ont finalement été retenus pour les raisons suivantes :

- en quelques mois seulement, 9 d'entre eux avaient déjà publié plusieurs livres
- 2 n'en avaient publié qu'un seul, mais déjà vendu entre 1000 et 2000 exemplaires
- les 6 autres auteurs se sont montrés particulièrement déterminés et bien informés dans leur manière d'appréhender leurs projets d'auto-édition (cinq d'entre eux avaient déjà publié leur premier ouvrage, et la sixième personne en était à l'étape de publication), et leurs réponses permettaient d'apporter un éclairage particulièrement intéressant concernant la qualité des ouvrages auto-édités

26

Je tiens à préciser qu'il n'y a pas eu d'autre sélection de ma part parmi les auteurs interrogés, et j'en profite pour remercier ici toutes celles et ceux qui ont pris le temps de nous fournir ces précieuses informations.

Du fait de son mode de propagation, ce sondage s'adressait beaucoup plus aux auteurs activement présents sur le web (et donc très souvent concernés par le format numérique comme alternative ou complément au format papier). Je l'ai en effet diffusé d'abord parmi mes propres réseaux, par contact direct ou bien par l'intermédiaire de regroupements d'auteurs auto-édités dont je fais partie, et puis chaque auteur a été invité à faire de même à son niveau. Par ailleurs, je me suis rendu compte que nous constituions une petite communauté assez restreinte pour le moment, née au départ de plusieurs initiatives disparates (2011-2012) qui ont fini par tisser des liens les unes avec les autres, notamment grâce à la création de différents groupes d'auteurs auto-édités sur Facebook.

Ce sont finalement 130 auteurs, aux styles très diversifiés, qui ont accordé toute leur attention à cette enquête, afin que nous puissions en savoir un peu plus sur qui ils sont, comment ils travaillent, et quelles sont leurs intentions :

- 112 Français (dont un auteur vivant en Nouvelle-Calédonie, et un autre à la Réunion)
- et 18 auto-édités francophones des pays suivants : Belgique, Canada, Espagne, Japon, Luxembourg, Portugal, Irlande et Suisse

Encore une fois, je les remercie pour leur collaboration, leur générosité, et pour la confiance qu'ils m'ont accordée pour le traitement de ces données.

Charlie Bregman, le 25 septembre 2015.

L'AUTO-ÉDITION, C'EST QUOI ?

Afin de rapidement lever le voile sur certains malentendus, permettez-moi tout d'abord de rappeler ce qu'est exactement l'auto-édition (que l'on peut aussi écrire « autoédition »).

Lorsqu'un éditeur décide de publier un manuscrit, il lui est donné la possibilité de proposer à l'auteur deux types de contrat très différents :

- le contrat d'édition à compte d'éditeur, où l'éditeur se comporte comme un véritable producteur littéraire en proposant ce qu'on appelle un à-valoir (acompte délivré à l'auteur à la signature du contrat) et en assumant pleinement la part de risques liée aux dépenses nécessaires destinées à fabriquer et commercialiser le livre,
- ou le contrat d'édition à compte d'auteur, où l'auteur est alors plus ou moins clairement invité à participer aux frais de l'éditeur (avec souvent de nombreux abus recensés, pouvant aller jusqu'à l'escroquerie pure et simple avec disparition de l'éditeur dans la nature), et que les anglais appellent « Vanity Press » (une forme d'édition qui profite de la vanité des auteurs)

L'auto-édition, souvent confondue à tort avec l'édition à compte d'auteur, constitue pour un auteur une troisième manière de publier un ouvrage, en lui permettant alors d'endosser lui-même le costume d'éditeur.

Ainsi, pour la plupart des gens aujourd'hui, malheureusement, un auteur auto-édité, c'est un auteur qui a décidé de publier son livre tout seul sans rien demander à personne… et l'histoire s'arrête là.

Mais de la même manière que l'on différencie les bons éditeurs des mauvais en s'intéressant à ce qu'ils sont capables d'effectuer en plus du travail de publication, un auteur auto-édité n'est pas simplement un auteur auto-publié (son travail ne s'arrête pas à la publication).

Un auteur auto-édité n'est pas un auteur auto-publié.

En effet, un vrai travail d'auto-édition consiste a minima à :

- écrire le livre (casquette d'auteur),
- le (faire) relire et le (faire) corriger (travail préalable d'édition),
- le publier (auto-publication),
- s'activer à le faire connaître (promotion),
- le mettre en vente (commercialisation),
- assurer son acheminement jusqu'aux lecteurs (distribution),
- puis écrire d'autres livres !

Et c'est justement dès le deuxième point que se construit toute la méfiance envers les ouvrages auto-édités : qui a fait, et comment a été fait le travail de relecture et de correction ?

Auparavant, toute maison d'édition sérieuse avait recours à trois correcteurs différents pour un seul manuscrit.

Pour des raisons sans doute liées aux coûts que cela implique, cette précaution ne semble plus forcément être respectée. Des coquilles (pour utiliser un terme plein de diplomatie) se glissent en effet de plus en plus fréquemment parmi les nouveaux livres publiés.

La version numérique du prix Goncourt 2011 (le roman d'Alexis Jenni, *L'Art français de la guerre*, publié par Gallimard) avait été publiée avec une bonne dizaine de « coquilles »… qui avaient été corrigées par les pirates eux-mêmes. (Inutile de relire cette dernière phrase, vous avez bien lu.) Par ailleurs, bon nombre d'entre elles, et notamment des fautes de conjugaison qui ne relèvent aucunement de l'emploi du subjonctif imparfait qui tend à devenir un peu obsolète, par exemple, figuraient également dans la version papier. J'imagine que de nombreux lecteurs se sont probablement étouffés en lisant des phrases comme « ils se rincèrent la bouche de vin », « nous nous efforçions de vivre moins », « comment nous plaçerons-nous » (effectivement, c'est une question que peuvent se poser ces correcteurs qui avaient manifestement un problème avec la cédille), ou « à l'extrémité des ligne de transport » (oups, il manque un s), « ils mangaient des nouilles » (mais oui, bien sûr, mais estimons-nous heureux, on a échappé au pire si la coquille s'était glissée dans les nouilles), « tu ne va pas t'y mettre aussi » (à l'orthographe ?), « quand tout ceux qui ont vu » (je vois bien, oui !), « tu tourne le dos » (et moi je tourne de l'œil !)…

Oui, je sais, ça fait mal. Le mythe éditorial en prend un coup. Mais je ne pouvais pas ne pas mentionner cette anecdote incroyable, qui permettra de réfléchir au degré d'exigence que l'on voudrait imposer aux auteurs auto-édités. Car c'est évidemment sur cette brèche de la qualité orthotypographique que se bâtissent les meilleures argumentations, puisque oui, désormais, grâce à l'auto-édition, tout le monde sans exception peut effectivement publier (rendre public), n'importe quoi et n'importe comment, et ce d'autant plus facilement grâce à l'extrême rapidité des nouveaux moyens de publication numérique.

Tout le monde peut désormais publier tout et n'importe quoi. Oui.

L'auteur qui effectue le « choix » de l'auto-édition (est-ce vraiment un choix, l'enquête y répondra plus loin) prend donc le risque de faire passer ses ouvrages à l'arrière plan d'une audace qui sera généralement assimilée, dans le meilleur des cas, à de l'inconscience, ou alors, ce qui est probablement pire, à une formidable démonstration d'impertinence. Car dans l'esprit collectif aujourd'hui, s'auto-éditer, ce n'est ni plus ni moins qu'un moyen de s'autoproclamer auteur.

Avec un livre auto-édité, on s'octroie un « titre d'auteur » un peu comme un dictateur s'emparerait du pouvoir par un coup d'état. On n'est pas un « simple » blogueur qui publierait ses textes sur un blog. Là, c'est différent. On touche à l'un des symboles de la culture (le livre), et ce qui pourrait faire office de sacrilège pour certains sera rapidement assimilé à un acte de vandalisme pour d'autres.

Avec un livre auto-édité, on s'introduit en plein cœur du royaume culturel par une entrée de service, sans invitation ni passe-droit, on se moque royalement des règles de bon usage, on se fraye un chemin parmi la meute du mieux que l'on peut, et on se couronne empereur de la littérature avant même que le moindre correcteur ait posé ses yeux d'expert sur la première phrase de l'ouvrage en question.

Ce portrait peu flatteur, qui ne manquera sans doute pas de faire sourire les principaux opposants à l'auto-édition, a pour but de reconnaître en toute objectivité qu'il peut y avoir effectivement, parmi les « auto-édités », des gens spécialisés dans la publication de contenus épouvantables, et chez qui le simple fait de « fer dis phôte d'ortograffe tout les trois maux » pourrait facilement être considéré comme une véritable déclaration de guerre à nos plus grands académiciens.

Mais derrière ces préjugés faciles, ces généralités désastreuses et ces caricatures grossières, je pense qu'il est temps d'élargir le débat à une prise en considération un peu plus juste d'un certain nombre d'auteurs plus sérieux, qui ont probablement toute leur place dans le monde des livres, et qui peuvent d'ores et déjà se féliciter d'avoir conquis un lectorat bien au-delà du cercle restreint de leur entourage.

Je crois en effet qu'il faut en finir avec cette croyance fausse et malsaine selon laquelle un auteur pourrait facilement s'imposer sur la scène culturelle avec un ouvrage absolument mauvais. Les lecteurs peuvent-ils réellement manifester de l'intérêt pour rien ? Au-delà des polémiques récurrentes au sujet de ce qu'est un bon livre, et si un livre commercial peut vraiment être considéré comme tel, ne doit-on pas laisser aux lecteurs le pouvoir de choisir les ouvrages qui leur correspondent le plus ? Internet n'a-t-il pas au moins ceci de juste que les avis positifs ou négatifs se propagent impartialement de la même manière ? Si un ouvrage honteux parvenait à s'extraire, comme par miracle, du petit cercle de connaissances de l'auteur lui-même, des avis plus objectifs ne se chargeraient-ils rapidement de reléguer ce torchon aux oubliettes du circuit de distribution ?

La vérité, c'est que :

On ne devient pas un auteur parce qu'on publie un livre. On le devient parce qu'un certain nombre de lecteurs l'ont apprécié.

L'auto-édition permettrait donc de remettre les lecteurs au cœur du débat, en se demandant si un filtre est vraiment nécessaire entre les auteurs et eux. Doivent-ils n'avoir accès qu'à des ouvrages qui ont été « sélectionnés » (sachant que l'édition à compte d'auteur, par exemple, ne fait preuve d'aucune transparence vis-à-vis des modalités participatives de cette sélection), ou doivent-ils avoir accès, comme cela est le cas sur internet, avec les blogs par exemple, à toute sorte de textes devant lesquels leur plus grosse tâche sera d'effectuer un choix ?

Sauf pour les éditeurs qui ont su flairer le marché à venir lié au format numérique, par exemple, ou les imprimeurs qui ont su investir rapidement sur de nouvelles technologies permettant l'impression à la demande, le phénomène de l'auto-édition semble n'inquiéter que les professionnels du livre qui pouvaient se féliciter jusqu'à présent d'avoir une activité rentable, mais qui font désormais face à une baisse sans cesse confirmée du nombre de lecteurs. Leurs craintes sont alors de voir une partie du chiffre d'affaires issu de la vente des livres glisser du côté des auto-édités.

Parmi eux, de petites maisons d'édition, aux catalogues encore peu fournis, et qui ont de plus en plus de mal à survivre au-delà de cinq années d'activité. Depuis 4 ans, en effet, l'on peut constater que le nombre de disparitions d'entreprises d'édition excède celui des créations (source SNE, 12 mars 2015). Mais aussi de grands éditeurs, qui ne sont pas plus épargnés par la crise, et qui désertent par exemple le Salon du Livre de Paris 2015 en le jugeant trop cher et pas assez rentable (source Le Monde des livres, 19 mars 2015). Ou des libraires, qui se plaignent de souffrir de la concurrence déloyale de géants de la vente en ligne, ou simplement des rayons spécialisés de la grande distribution.

Mais leur condition reste majoritairement fort enviable à celle des auteurs, qui ne seraient, d'après une enquête effectuée en 2008 par le site Rue89, seulement 150, en France, à vivre réellement de leur plume, et peut-être encore moins d'après le magazine Lire, qui calait son estimation à 50 écrivains seulement lors du

Salon du Livre de 2007.

En effet, il faut savoir (et le marteler jusqu'à ce que tout le monde en prenne conscience) que seulement 30% des auteurs peuvent s'estimer heureux du fait que leurs publications leur assurent plus de 10% de leurs revenus. 98% des écrivains, malgré le fait que l'écriture d'un roman exige, en moyenne, quasiment une année complète de travail, sont obligés d'avoir un second métier.

Et tout le monde semble trouver cela parfaitement normal.

98% des auteurs sont obligés d'avoir un second métier.

La répartition du prix de vente d'un livre s'effectue en effet approximativement de la façon suivante :

- éditeur 21,5% (afin qu'un éditeur puisse vivre décemment de ses revenus)
- fabrication 10% (afin qu'un imprimeur puisse vivre décemment de ses revenus)
- distribution 18% (afin qu'un distributeur puisse vivre décemment de ses revenus)
- détaillant 37% (afin qu'un libraire puisse vivre décemment de ses revenus)
- tva 5,5% (parce que l'État fait l'effort d'appliquer une TVA réduite pour encourager la lecture et l'accès au savoir)
- auteur 8% (s'il veut vivre de ses droits

d'auteur, ce fainéant n'a qu'à se doper de café pour respecter un rythme d'écriture de 18 heures par jour comme le faisait Balzac en son temps !)

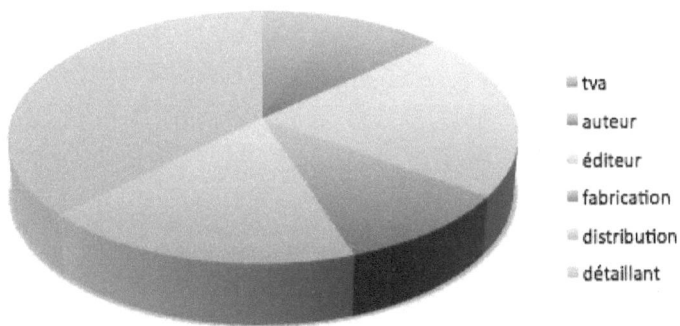

tva
auteur
éditeur
fabrication
distribution
détaillant

À l'instar des producteurs de fruits et légumes qui gagnent peu comparativement aux distributeurs, les auteurs sont loin d'être les mieux rémunérés de la chaîne du livre.

Mais est-ce que l'auto-édition, parce qu'elle permet par exemple d'obtenir jusqu'à 70% de royalties sur certains formats numériques, marquera pour autant la renaissance d'un vrai « métier » d'auteur ? C'est une des questions qui a été posée dans le sondage : « À combien s'élèvent vos revenus mensuels en tant qu'auteur auto-édité ? »

Et comme je suis sûr que tout le monde est très impatient de connaître la réponse, laissez-moi vous répondre que…

SUSPENS ! ;-)

L'auto-édition pourquoi comment pour qui

PARTIE 1

AUTO-ÉDITÉS, QUI ÊTES-VOUS ?

1. QUAND AVEZ-VOUS DIFFUSÉ VOTRE PREMIER OUVRAGE ?

Seulement **3% des auteurs interrogés (4 sur 130) sont actifs depuis plus de 10 ans, avec plus de 4 ouvrages payants publiés pour chacun d'entre eux.**

- l'un d'eux répondra plus loin dans le questionnaire qu'il a choisi l'auto-édition pour la liberté
- 2 autres répondront qu'ils n'ont pas trouvé d'éditeur
- et 1 auteur précisera que cela lui permet, en plus de pouvoir proposer des ouvrages inédits à son lectorat, de republier des livres qui ne sont plus vendus par ses éditeurs (et l'on parle ici de livres qui ont été des best-sellers)

En revanche, **89% des personnes consultées ont publié leur premier ouvrage au cours des 5 dernières années, et ils sont même 50% à avoir publié leur premier ouvrage il y a moins de deux ans.**

L'auto-édition est donc un phénomène relativement récent chez les auteurs francophones.

Quand avez-vous diffusé votre premier ouvrage ?

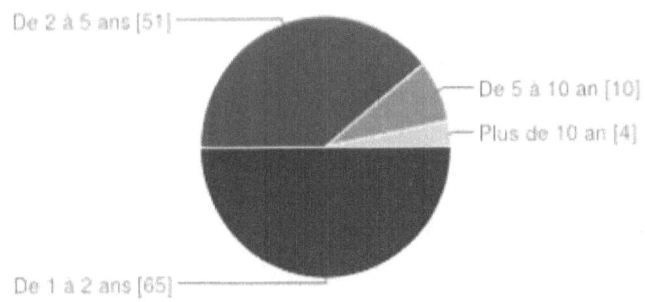

De 1 à 2 ans	**65**	50 %
De 2 à 5 ans	**51**	39 %
De 5 à 10 ans	**10**	8 %
Plus de 10 ans	**4**	3 %

2. QUAND AVEZ-VOUS DIFFUSÉ VOTRE DERNIER OUVRAGE ?

Sur l'ensemble des 130 auteurs ayant répondu au formulaire de l'enquête :

- 5% ont publié leur seul et unique ouvrage en 2014 (du 1er janvier au 10 septembre 2014)
- **59% ont diffusé en 2014 un dernier ouvrage qui n'était pas leur première publication**
- 26% ont diffusé leur dernier ouvrage l'année dernière en 2013
- 8% (10 auteurs) ont diffusé leur dernier ouvrage entre 2 et 5 ans (7 en 2012, 1 en 2011, et 2 en 2010)
- Enfin, 2 auteurs (env. 1%) n'ont pas publié de nouveaux ouvrages depuis plus de 5 ans (un seul ouvrage payant et plusieurs ouvrages gratuits pour les deux, pour un nombre d'exemplaires maximum écoulé de 10 à 50 pour l'un, et de 300 à 500 pour l'autre)

En résumé, on peut noter qu'en ce qui concerne les auteurs « confirmés » (qui n'en sont pas à leur première publication), ils sont 85% à avoir publié leur dernier ouvrage au cours des 20 derniers mois qui ont précédé le sondage.

3. COMBIEN DE JOURS CONSACREZ-VOUS EN MOYENNE, CHAQUE MOIS, EXCLUSIVEMENT À VOTRE ACTIVITÉ D'AUTEUR AUTO-ÉDITÉ ?

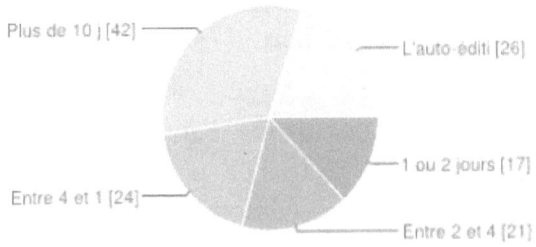

1 ou 2 jours par mois	**17**	13 %
Entre 2 et 4 jours par mois	**21**	16 %
Entre 4 et 10 jours par mois	**24**	18 %
Plus de 10 jours par mois	**42**	32 %
L'auto-édition est pour moi une activité à temps complet	**26**	20 %

Pour plus de la moitié des interrogés, l'auto-édition n'a visiblement rien d'un passe-temps :

- **20% vivent l'auto-édition comme une activité à temps complet**
- **et 32% consacrent plus de 10 jours par mois à cette activité**

Les questions suivantes permettront d'en savoir plus sur le lien probable entre le temps consacré à cette activité et l'objectif d'en faire une activité « rentable » (et donc professionnelle).

Concernant ce point, précisons d'une part qu'un auteur publié de manière traditionnelle (par un éditeur) doit vendre chaque année un minimum de 17 000 exemplaires à 15 € avant de pouvoir s'octroyer l'équivalent d'un revenu mensuel (en admettant que ses royalties soient réajustées à 10%) d'à peu près 2000 € hors impôts ; et que d'autre part, 17 000 exemplaires, c'est déjà un best-seller !

Alors que la part des droits d'auteur s'élève en général à 8% du prix du livre HT pour un premier roman, par exemple, en auto-édition, en revanche (et grâce au format numérique), ces droits peuvent aller jusqu'à 70% en publiant sur une des plateformes de distribution qui fait suffisamment de vagues pour la citer : Amazon, avec son service d'auto-édition *Kindle Direct Publishing* (KDP).

Dans le cas d'une auto-édition KDP, la rentabilité de cette activité d'auteur se profile alors de manière radicalement différente, même si les ebooks (surtout auto-édités) ont une nette tendance à afficher un tarif bien inférieur à celui du livre papier.

En effet, pour reprendre l'objectif d'un revenu mensuel à 2000 €, ici, la vente de 7000 ebooks chaque année, à un tarif de 5 € HT (soit à un tarif trois fois moins cher que le livre papier), s'avérerait suffisante.

Pour ceux qui sont déjà en train de sortir leur calculette, je vous le traduis autrement : **vendez une vingtaine de ces ebooks chaque jour, et votre objectif est atteint.**

On peut donc s'attendre, sous réserve que l'auteur auto-édité ait un minimum de talent pour toucher un tel lectorat (première étape de sélection naturelle), ainsi que le temps et les compétences suffisantes pour assurer une bonne promotion de ses ouvrages (deuxième étape de sélection), à ce que **l'auto-édition permette peut-être l'émergence d'un vrai « métier » d'auteur** (dans le sens « métier dont on peut vivre »), ou, à défaut, puisse constituer un champ d'expérimentation suffisamment large pour que les éditeurs viennent y chercher leurs auteurs à succès de demain, comme cela a été le cas, par exemple, pour l'éditeur Michel Lafon, en début 2013, lorsqu'il a proposé à Agnès Martin-Lugand de rejoindre leur maison avec son premier roman auto-édité *Les Gens heureux lisent et boivent du café*.

4. POURQUOI AVEZ-VOUS CHOISI L'AUTO-ÉDITION ?

Afin de dresser un panorama le plus objectif possible, cette question permettait aux auteurs de pouvoir cocher plusieurs réponses à la fois.

Pourquoi avez-vous choisi l'auto-édition ?

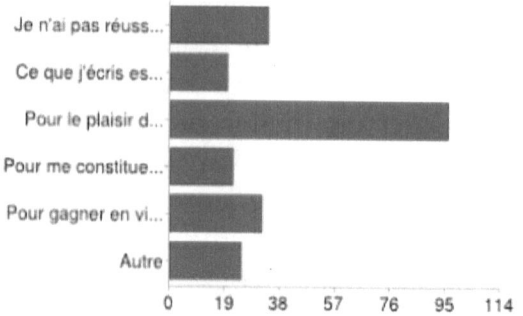

Je n'ai pas réussi à trouver d'éditeur	**34**	26 %
Ce que j'écris est trop original pour qu'un éditeur s'y intéresse	**20**	15 %
Pour le plaisir de faire ce que je veux en toute liberté	**96**	74 %
Pour me constituer un lectorat avant de contacter un éditeur	**22**	17 %
Pour gagner en visibilité afin qu'un éditeur me contacte	**32**	25 %
Autre	**25**	19 %

26% des auto-édités reconnaissent avoir choisi l'auto-édition parce qu'ils n'ont pas trouvé d'éditeur (choix par dépit).

Ensuite, ils sont 74% à avoir choisi l'auto-édition pour le **plaisir d'agir en toute liberté.** On peut citer des commentaires du genre : « C'est vraiment passionnant de tout faire soi-même ».

Un peu moins de la moitié d'entre eux (42%) révèlent une **stratégie à long terme, visant à trouver un éditeur :**

- 25% souhaitent gagner en visibilité afin qu'un éditeur les contacte
- 17% souhaitent se constituer un lectorat avant de contacter un éditeur

19% évoquent d'autres raisons, plus diversifiées.

La première d'entre elles concerne leurs rapports avec les éditeurs (9 fois mentionnés sur 25), avec des commentaires comme «**déçu par mon éditeur**», «pour une meilleure efficacité de la promo du livre», «m'assurer une rémunération correcte pour mon travail car les pourcentages accordés aux auteurs par les éditeurs sont trop faibles», ou encore d'autres remarques plus détournées comme «pas le temps de chercher un éditeur» ou «pas le temps de travailler le marketing avec un éditeur».

Ensuite viennent le **faible coût** de l'auto-édition (3 fois mentionné), et le sentiment de saisir une **opportunité** («l'auto-édition, c'est l'avenir», «prendre le virage numérique au bon moment», «pour m'intégrer à un groupe d'auteurs indépendants»).

Deux auteurs concèdent une «**forme de thérapie**», et un autre, n'ayant publié qu'un seul ouvrage très récemment, avoue n'avoir aucune idée de la qualité littéraire de son récit.

Un des auteurs comptabilisant le plus grand nombre de ventes déclare également avoir découvert l'auto-édition «par hasard».

Enfin, **15% des interrogés pensent que ce qu'ils écrivent est trop original pour qu'un éditeur s'y intéresse**. Parmi eux, on en trouve un quart environ qui ont également répondu qu'ils n'ont pas réussi à trouver d'éditeur, et les autres semblent plutôt considérer ce point comme un atout que seule l'auto-édition permettrait de valoriser.

5. GENRES LITTÉRAIRES PRATIQUÉS

Afin de dresser un panorama le plus objectif possible, cette question permettait aux auteurs de pouvoir cocher plusieurs réponses à la fois.

Arrivent en tête les œuvres de fiction :

- 44% de « romans et littérature contemporaine »
- 39% de « science-fiction, fantasy et terreur »
- 23% de livres « policier et suspens »

Puis viennent les récits et témoignages (17%), la poésie (15%), les livres pour la jeunesse (14%), la Bit Lit ou romance (12%), l'érotisme (12%), et la catégorie « ados et Young adults » (9%).

Parmi les autres genres pratiqués en auto-édition (16%), il a été mentionné le théâtre, la musique ou la photographie... mais aussi beaucoup d'autres thématiques démontrant la difficulté des auteurs à classifier leurs ouvrages dans une catégorie plutôt qu'une autre.

Plusieurs auteurs ont judicieusement signalés deux genres particulièrement adaptés au format numérique : **la nouvelle, et la série.** En effet, il est bon de rappeler que la lecture numérique permet de réconcilier certaines personnes avec le plaisir de la lecture, d'abord grâce à des tarifs attrayants, et ensuite avec des textes plus rapides à lire qu'un roman de 400 pages. Beaucoup d'usagers des transports en commun disposent d'une disponibilité de 15 à 45 minutes pour lire un ouvrage numérique sur leur Smartphone, par

L'auto-édition pourquoi comment pour qui

exemple. Les éditeurs numériques indiquent d'ailleurs de plus en plus la longueur de leurs textes non plus en nombre de pages (non figé au format numérique étant donné l'ajustement de la taille des caractères au gré de chacun), mais en temps de lecture (30 minutes, 45 minutes…)

Enfin, il faut noter que l'auto-édition a également permis l'émergence d'une nouvelle activité (infopreneur), et que cette enquête n'a malheureusement été que très peu relayée parmi ce réseau encore assez discret sur son business.

Les infoproduits sont généralement des ouvrages numériques (guides divers et variés, ouvrages techniques et professionnels, etc.) destinés à condenser un certain nombre d'informations (parfois issues d'une expérience personnelle, mais parfois simplement issues de recherches sur internet) pour cibler le lectorat d'une niche précise.

On peut les considérer comme étant les produits les plus aptes à se répandre au travers de l'auto-édition. En effet, la quantité d'informations diffusées sur la planète étant désormais multipliée par deux chaque année, il devient de plus en plus difficile pour chacun de consacrer un temps suffisant à un tri efficace des réponses que l'on cherche parmi toutes les données parasites qui sont propagées.

Les infopreneurs pourraient donc constituer en quelque sorte des prestataires de services spécialisés dans la diffusion d'un savoir qui ne cesse d'accroître dans ce monde où tout évolue maintenant à une vitesse vertigineuse.

6. ÊTES-VOUS ACTUELLEMENT UN AUTEUR PUBLIÉ À COMPTE D'ÉDITEUR, PARALLÈLEMENT À VOTRE ACTIVITÉ D'AUTO-ÉDITÉ ?

Un quart des sondés sont également des auteurs publiés par un éditeur.

Oui	**31**	24 %
Non	**99**	76 %

7. AVEZ-VOUS ÉTÉ DANS LE PASSÉ UN AUTEUR PUBLIÉ À COMPTE D'ÉDITEUR ?

Un tiers des sondés ont déjà été publiés à compte d'éditeur dans le passé.

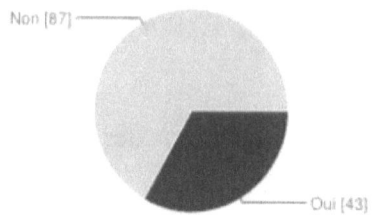

Oui	**43**	33 %
Non	**87**	67 %

Pour les auteurs ayant répondu positivement à cette question et n'étant actuellement plus publiés à compte d'éditeur, l'enquête demandait d'en préciser les raisons.

Quasiment tous témoignent d'une grande déception vis-à-vis de leurs éditeurs.

- Manque de réactivité pour intégrer de nouveaux livres dans une collection, indécision face à un tirage épuisé, ou encore, inaction totale vis-à-vis du format numérique
- Réticences vis-à-vis de certaines thématiques lorsque le livre n'est pas écrit par une personnalité connue (gastronomie, histoire, etc.)
- Commandes d'ouvrages trop ponctuelles
- Manque d'implication pour promouvoir les auteurs
- Manque de transparence sur le nombre de ventes, contrats abusifs (participations aux

frais), ou droits d'auteur impayés (éditeur disparu dans la nature « avec la caisse »)

Dans certains cas, la maison d'édition a fini par mettre la clé sous la porte après quelques années d'activité seulement.

Plusieurs de ces auteurs « échaudés » avouent éprouver maintenant une grande méfiance vis-à-vis de l'ensemble des éditeurs, tandis que d'autres formulent l'espoir de trouver malgré tout un éditeur capable de diffuser à grande échelle au format papier.

Les autres raisons évoquées sont :

- préférence à dépenser son énergie en auto-édition plutôt qu'à rechercher un nouvel éditeur après récupération des droits d'auteur
- constat d'un plus grand nombre de ventes en auto-édition que sous contrat d'éditeur
- satisfaction d'une meilleure proximité avec les lecteurs
- satisfaction d'être responsable à 100% de son ouvrage

8. SI VOUS N'ÊTES PAS PUBLIÉ À COMPTE D'ÉDITEUR, QUE FERIEZ-VOUS SI UNE MAISON D'ÉDITION SÉRIEUSE VOUS CONTACTAIT POUR VOUS LE PROPOSER ?

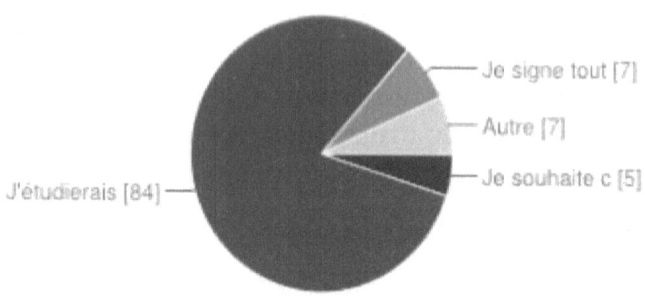

5% des auteurs ayant répondu à cette question conserveraient leur indépendance en refusant la proposition.

Parmi les réponses autres, les auteurs insistent sur leurs attentes précises vis-à-vis d'un éditeur. Pour eux, un éditeur sérieux ne leur demanderait pas d'avancer un seul centime et il prendrait réellement en charge la promotion du livre.

On peut donc considérer que 95% d'entre eux se montrent intéressés par un éditeur sérieux.

L'auto-édition se profile donc comme un phénomène qui ne remet pas en question les métiers de l'édition. Les auteurs auto-édités reconnaissent ici leur besoin de s'entourer de professionnels qui seront capables de les aider à exprimer le meilleur d'eux-mêmes pour donner une cohérence à leur œuvre et leur permettre de rencontrer un lectorat toujours plus large en leur permettant de conserver toute leur énergie à leur travail d'écriture.

L'auto-édition en toute indépendance ne semble pas correspondre au rêve profond des auteurs auto-édités dans leur grande majorité. À notre époque où la richesse humaine semble peu à peu s'imposer comme seule valeur refuge devant une richesse économique toujours plus vacillante, avec l'émergence de nouvelles tendances comme les échanges de services et de compétences, les ateliers collaboratifs, la solidarité intergénérationnelle, le coaching, les échanges de maison, le covoiturage, le co-working, le financement participatif (crowfunding), etc., on peut s'attendre à ce que l'avenir bascule de plus en plus du côté des réussites collectives, et certainement pas du côté de l'autonomie.

Par ailleurs, les questions concernant la démarche qualité démontreront la nécessité pour un auteur auto-édité de déléguer certaines tâches que d'autres maîtriseront mieux que lui.

9. COMBIEN D'OUVRAGES GRATUITS INÉDITS AVEZ-VOUS DÉJA PUBLIÉS JUSQU'À AUJOURD'HUI ?

On aurait pu s'attendre à des résultats plus serrés, mais on remarque que seulement 28% des auteurs auto-édités ont déjà publié un ou plusieurs ouvrages gratuitement, alors qu'il s'agit pourtant pour eux d'un bon moyen de se faire connaître.

Il semblerait donc que les plateformes de diffusion numérique gratuite ont encore beaucoup d'efforts à fournir pour se faire connaître auprès des auto-édités, notamment pour leur permettre de publier des extraits de leurs ouvrages, ou bien des « produits d'appel » comme des nouvelles.

Combien d'ouvrages gratuits inédits
avez-vous déjà publiés jusqu'à aujourd'hui ?

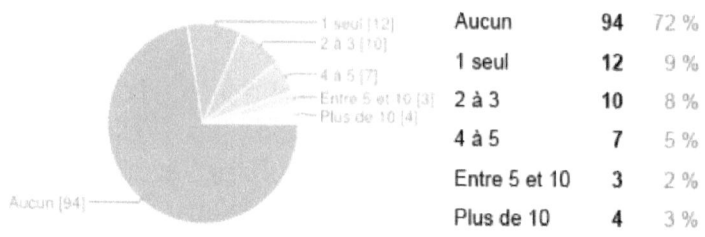

Aucun	**94**	72 %
1 seul	**12**	9 %
2 à 3	**10**	8 %
4 à 5	**7**	5 %
Entre 5 et 10	**3**	2 %
Plus de 10	**4**	3 %

10. COMBIEN D'OUVRAGES PAYANTS INÉDITS AVEZ-VOUS DÉJA PUBLIÉS JUSQU'À AUJOURD'HUI ?

- 18% des auto-édités interrogés n'ont publié qu'un seul ouvrage payant
- ils sont 52% à en avoir publié entre 2 et 5
- 28% en ont publié plus de 5

4 auteurs sur 5 sont donc des auteurs « confirmés » ou du moins en devenir.

Combien d'ouvrages payants inédits
avez-vous déjà publiés jusqu'à aujourd'hui ?

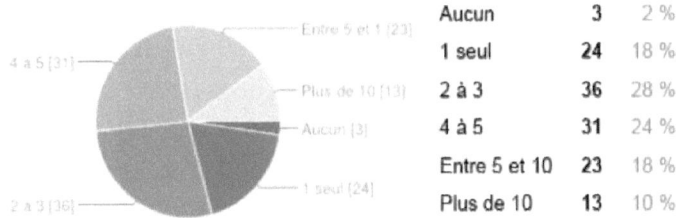

Aucun	**3**	2 %
1 seul	**24**	18 %
2 à 3	**36**	28 %
4 à 5	**31**	24 %
Entre 5 et 10	**23**	18 %
Plus de 10	**13**	10 %

11. AVEZ-VOUS DEJÀ PARTICIPÉ À LA RÉALISATION D'OUVRAGES COLLABORA-TIFS (GRATUITS OU PAYANTS, AU FORMAT PAPIER OU NUMÉRIQUE) AVEC D'AUTRES AUTEURS AUTO-ÉDITÉS ?

Oui, 1	**14**	11 %
Oui, plusieurs	**11**	8 %
Non	**105**	81 %

Ces statistiques montrent que les auteurs auto-édités n'ont pas vraiment conscience de l'intérêt d'unir leurs forces pour gagner en visibilité. Mais peut-être aussi que leur tempérament indépendant ne les pousse pas naturellement vers ce genre d'actions.

Seulement 19% d'entre eux ont déjà participé à la réalisation d'ouvrages collaboratifs.

12. VOUS SOUCIEZ-VOUS DE LA PATERNITÉ DE VOS OUVRAGES ?

21% des auteurs interrogés ne protègent pas leurs ouvrages... et à l'opposé, 23% d'entre eux cumulent plusieurs types de protections.

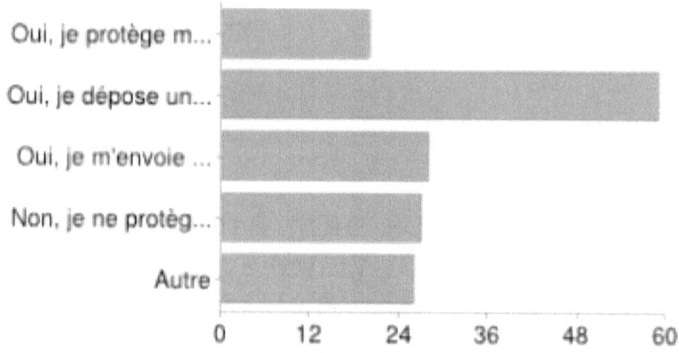

Oui, je protège mon manuscrit grâce à la SGDL	20	15 %
Oui, je dépose un copyright	59	45 %
Oui, je m'envoie mon manuscrit en recommandé AR et n'ouvre pas l'enveloppe	28	22 %
Non, je ne protège pas mes ouvrages	27	21 %
Autre	26	20 %

Parmi les autres types de protection non proposés par le formulaire, les auteurs citent le dépôt légal à la BNF (ou Archives Légales Québec et Canada pour les auteurs concernés) ou la protection par la SACD, l'envoi par mail à eux-mêmes avec parfois l'envoi et la conservation de leurs brouillons.

Certains considèrent aussi qu'une publication numérique sur une plateforme de diffusion comme Amazon, par exemple, permet également de prouver la paternité de leurs ouvrages en pouvant se référer à la date de publication.

13. COMBIEN D'EXEMPLAIRES AVEZ-VOUS ÉCOULÉS DE VOTRE OUVRAGE QUI A RENCONTRÉ LE PLUS GRAND SUCCÈS ?

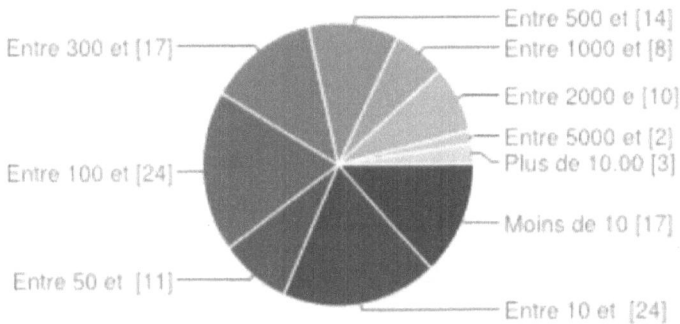

- 40% des auteurs interrogés ont écoulé moins de 100 exemplaires de l'ouvrage qui a rencontré le plus grand succès.
- 18% en ont écoulé entre 100 et 300
- 13% entre 300 et 500
- 11% entre 500 et 1000
- 16% en ont écoulé entre 1000 et 10 000
- et seulement 2% (3 auteurs sur les 130 ayant participé à l'enquête) ont écoulé plus de 10 000 exemplaires

En prenant en considération qu'un premier roman s'écoule en moyenne, en France, aux alentours de 700 exemplaires (avec 50% de chances de vendre moins de 300 exemplaires, et 90% de chances d'en vendre moins de 1000), **on peut noter qu'un auto-édité sur cinq peut déjà être satisfait de ses résultats.**

Moins de 10	**17**	13 %
Entre 10 et 50	**24**	18 %
Entre 50 et 100	**11**	8 %
Entre 100 et 300	**24**	18 %
Entre 300 et 500	**17**	13 %
Entre 500 et 1000	**14**	11 %
Entre 1000 et 2000	**8**	6 %
Entre 2000 et 5000	**10**	8 %
Entre 5000 et 10.000	**2**	2 %
Plus de 10.000	**3**	2 %

14. À COMBIEN S'ÉLÈVENT VOS REVENUS MENSUELS EN TANT QU'AUTEUR AUTO-ÉDITÉ ?

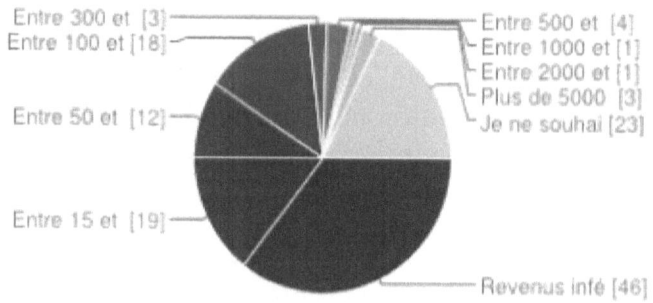

Revenus inférieurs à 15 €	46	35 %
Entre 15 et 50 €	19	15 %
Entre 50 et 100 €	12	9 %
Entre 100 et 300 €	18	14 %
Entre 300 et 500 €	3	2 %
Entre 500 et 1000 €	4	3 %
Entre 1000 et 2000 €	1	1 %
Entre 2000 et 5000 €	1	1 %
Plus de 5000 €	3	2 %
Je ne souhaite pas communiquer sur ce point.	23	18 %

18% des auteurs n'ont pas souhaité communiquer sur ce point, mais pour en savoir plus, je vous invite à vous référer aux réponses données à la question 54.

Sur les 107 personnes ayant répondu à la question, on observe que :

- **72% (77 auteurs) gagnent moins de 100 € grâce à la vente de leurs ouvrages**
- 17% (18 auteurs) gagnent entre 100 et 300 €
- 7% (8 auteurs) gagnent entre 300 et 2000 €
- **4% (4 auteurs) gagnent plus de 2000 € (dont 3 au delà de 5000 €)**

Il apparaît que l'auto-édition peut être considérée comme un espoir, pour un auteur indépendant, de pouvoir vivre de sa plume, comme cela est le cas pour une centaine d'auteurs à succès, en France, qui ont été propulsés par leurs éditeurs.

Mais cela reste malgré tout marginal a priori, puisque les trois quarts des auteurs gagnent moins de 100 € par mois de la vente de leurs livres, et pire encore, un tiers des auteurs gagnent moins de 15 €.

L'auto-édition ne semble donc pas représenter en soi une menace pour le chiffre d'affaires des maisons d'édition !

PARTIE 2

AUTO-ÉDITÉS,
COMMENT TRAVAILLEZ-VOUS ?

15. AVEZ-VOUS RECOURS À UN COACH OU CONSEILLER LITTÉRAIRE POUR ÉCRIRE VOS OUVRAGES ?

18% des auto-édités (24 auteurs sur 130) ont recours à un coach ou conseiller littéraire de manière ponctuelle, et **la moitié d'entre eux (9%) y ont recours de manière systématique.**

La question suivante permet d'en savoir un peu plus sur leur manière de recourir à ce type de service.

16. SI VOUS AVEZ RECOURS À UN COACH OU CONSEILLER LITTÉRAIRE, EST-CE QUE CELA VOUS COÛTE DE L'ARGENT ?

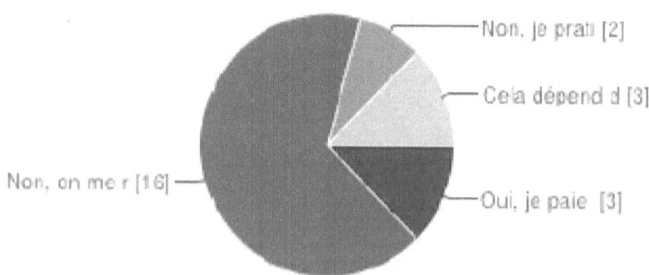

Parmi les 24 auteurs ayant recours à un coach ou conseiller littéraire, il y en a 18 (l'équivalent de 75% d'entre eux) à qui l'on rend ce service de manière gratuite :

- 16 sur 24 (67%) se font conseiller sans doute par des personnes de leur entourage, relations, etc.

- 2 sur 24 (8%) pratiquent des échanges de services

12% d'entre eux mettent la main au porte-monnaie pour avoir recours à ce genre de prestation.

Pour les autres, cela dépend des fois.

17. AVEZ-VOUS RECOURS À UN OU PLUSIEURS LECTEURS AVANT DE FINALISER UN OUVRAGE ?

65% des auto-édités interrogés ont systématiquement recours à un ou plusieurs lecteurs :

- 45% y ont recours seulement une fois que leur manuscrit est terminé
- 20% y ont recours également en cours d'écriture

24% y ont parfois recours, mais pas toujours.

Enfin, seulement 11% d'entre eux (15 sur 130) n'y ont jamais recours.

18. SI VOUS AVEZ RECOURS À UN OU PLUSIEURS LECTEURS, EST-CE QUE CELA VOUS COÛTE DE L'ARGENT ?

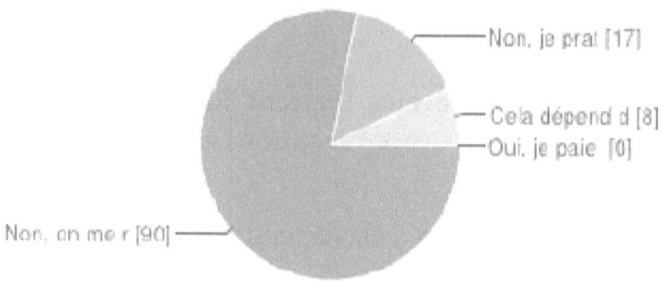

Sur les 115 auteurs ayant recours à un plusieurs lecteurs, aucun ne déclare débourser systématiquement de l'argent pour ce service, mais 8 d'entre eux **(7%) répondent que cela dépend des fois.**

Pour les autres :

- ils sont 90 (78% d'entre eux) à répondre qu'on leur rend ce service bénévolement
- et 17 (15%) à y avoir recours dans le cadre d'échanges de services

19. PENSEZ-VOUS QUE CES PREMIERS LECTEURS AVANT PUBLICATION ONT UN AVIS OBJECTIF SUR VOTRE OUVRAGE ?

Sur les 115 auteurs ayant recours à un plusieurs lecteurs, 16 d'entre eux (14%) répondent « probablement pas mais cela me suffit », et 13 autres (soit 11%) n'en ont aucune idée.

Un quart d'entre eux semblent donc accorder de l'importance à un regard pas forcément objectif.

Pour les autres :

- ils sont 19% à répondre que oui parce qu'il n'existe aucun lien affectif entre les lecteurs et eux
- et ils sont 56% à répondre oui même s'il existe parfois un lien affectif entre eux

20. AVEZ-VOUS RECOURS À UNE TIERCE PERSONNE POUR TROUVER UN TITRE À VOTRE OUVRAGE ?

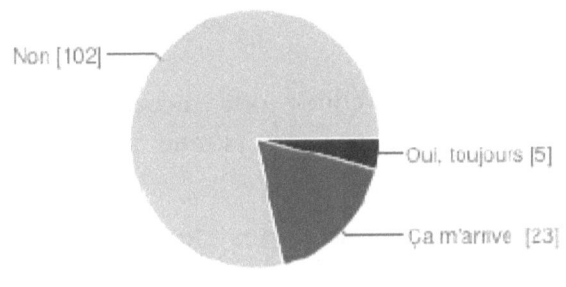

Oui, toujours	5	4 %
Ça m'arrive parfois	23	18 %
Non	102	78 %

4% des auto-édités ont recours de manière systématique à une tierce personne pour trouver un titre à leur ouvrage.

21. AVEZ-VOUS RECOURS À UNE TIERCE PERSONNE POUR RÉDIGER LE RÉSUMÉ DE VOTRE OUVRAGE ?

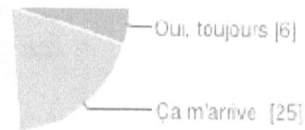

Non [99] ⎯⎯

⎯Oui, toujours [6]

⎯Ça m'arrive [25]

Oui, toujours	6	5 %
Ça m'arrive parfois	25	19 %
Non	99	76 %

5% des auto-édités ont recours de manière systématique à une tierce personne pour rédiger le résumé de leur ouvrage.

Les trois quarts des auteurs interrogés rédigent eux-mêmes leur résumé.

Pourtant, le résumé fait partie des points clés pour accrocher un lecteur. Est-ce que ces auteurs maîtrisent vraiment cette compétence ?

22. SI LE RÉSUMÉ DE VOTRE OUVRAGE EST EFFECTUÉ PAR UNE TIERCE PERSONNE, CELA VOUS COÛTE-T-IL DE L'ARGENT ?

9% des auteurs interrogés ont l'habitude de payer quelqu'un pour la rédaction du résumé de leur ouvrage :

- **1 seul auteur sur les 31 concernés (3%) répond qu'il le fait de manière**

systématique, et comme il fait justement partie des auto-édités qui vivent de leur activité, on peut vraiment s'interroger sur l'importance du résumé dans toute la partie promotionnelle.

- 6% répondent que cela dépend des fois.

77% d'entre eux ont accès à ce service grâce à des personnes bénévoles, et 14% pratiquent des échanges de services (souvent entre auteurs).

23. PENSEZ-VOUS QUE LA SYNTAXE ET L'ORTHOTYPOGRAPHIE DU CONTENU DE VOS OUVRAGES N'ONT RIEN À ENVIER AUX OUVRAGES PUBLIÉS PAR LES MAISONS D'ÉDITION ?

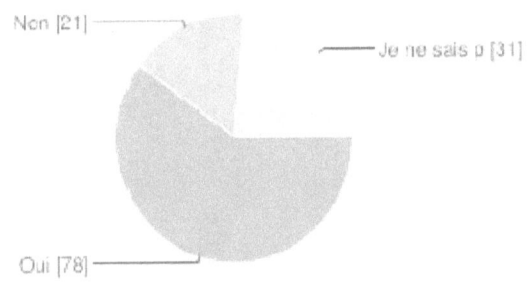

Pensez-vous que la syntaxe et l'orthotypographie du contenu de vos ouvrages n'ont rien à envier aux ouvrages publiés par les maisons d'édition ?

Oui	78	60 %
Non	21	16 %
Je ne sais pas	31	24 %

60% des auteurs interrogés pensent que leurs ouvrages n'ont rien à envier, du point de vue de la syntaxe et de l'orthotypographie, à ceux qui sont publiés par les maisons d'édition.

Sont-ils lucides, ou surestiment-ils leur travail ?

Pour le savoir, nous pouvons d'ores et déjà constater que ce chiffre coïncide parfaitement aux réponses apportées à la question suivante, concernant le recours à un correcteur.

24. AVEZ-VOUS RECOURS À UN OU PLUSIEURS CORRECTEURS AVANT DE PUBLIER VOS OUVRAGES ?

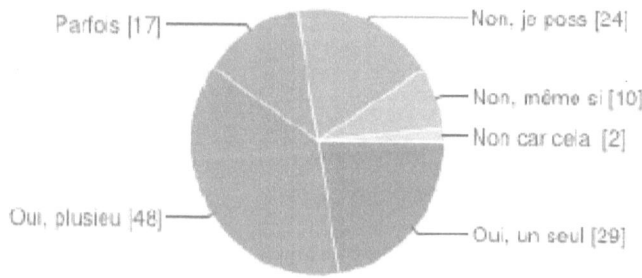

Oui, un seul correcteur	29	22 %
Oui, plusieurs correcteurs successifs	48	37 %
Parfois	17	13 %
Non, je possède les compétences suffisantes	24	18 %
Non, même si je pense ne pas posséder les compétences suffisantes	10	8 %
Non car cela n'est pas important pour moi	2	2 %

10% des auto-édités interrogés ne font pas appel à un correcteur même s'ils reconnaissent implicitement ou explicitement ne pas posséder les compétences suffisantes (2 auteurs répondent que cela n'est pas important pour eux).

18% ne le font pas parce qu'ils estiment avoir les compétences suffisantes.

Enfin, 59% ont systématiquement recours à un ou plusieurs correcteurs, et 13% y ont recours dans certains cas.

25. SI VOUS AVEZ RECOURS À UN OU PLUSIEURS CORRECTEURS, CELA VOUS COÛTE-T-IL DE L'ARGENT ?

16 auteurs sur les 94 concernés (soit 17% d'entre eux) paient systématiquement pour ce service, et 4% le font « parfois ».

64% d'entre eux ont accès à ce service grâce à des bénévoles.

Enfin, 14 auteurs, soit 15% des personnes concernées par la question pratiquent des échanges de services.

26. PENSEZ-VOUS QUE LES COUVERTURES DE VOS OUVRAGES SONT « VENDEUSES » ?

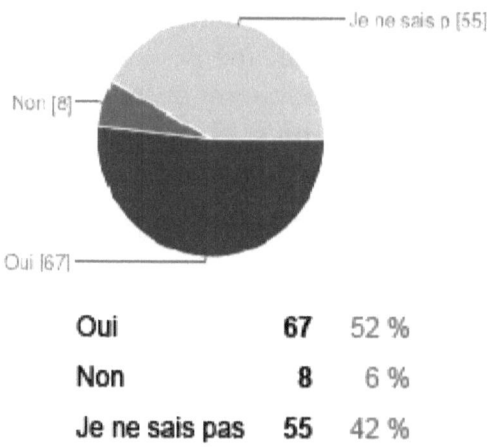

Oui	67	52 %
Non	8	6 %
Je ne sais pas	55	42 %

Une bonne moitié des personnes interrogées estime que les couvertures de leurs ouvrages sont vendeuses.

Pour les autres, il est possible que la couverture puisse demeurer une lacune.

27. AVEZ-VOUS L'HABITUDE DE CONFIER LA MISE EN PAGE ET L'ÉVENTUEL FORMATAGE DE VOS OUVRAGES À UNE PERSONNE PLUS COMPÉTENTE QUE VOUS ?

Seulement 4% des personnes interrogées considèrent que le formatage des ouvrages (mise en page et création du fichier correct en ce qui concerne les publications numériques) n'est pas important.

Pour les autres, **il semblerait qu'une recherche qualitative existe réellement à ce niveau.**

Ils sont d'ailleurs 67% à posséder l'expérience adéquate pour le faire eux-mêmes, et 29% à avoir recours à une personne plus expérimentée de façon ponctuelle ou systématique.

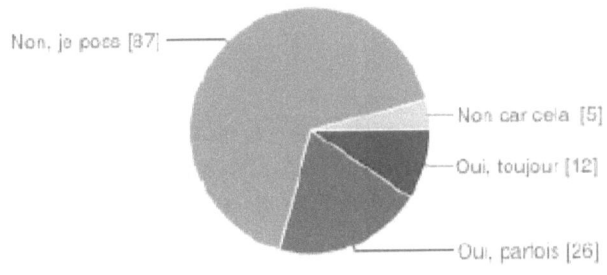

Oui, toujours	**12**	9 %
Oui, parfois	**26**	20 %
Non, je possède l'expérience adéquate	**87**	67 %
Non car cela n'est pas important pour moi	**5**	4 %

28. SERIEZ-VOUS INTERESSÉ PAR LA MISE EN PLACE D'UN « LABEL QUALITE AUTO-EDITION » VISANT À DEVELOPPER LA CRÉDIBILITÉ DES AUTEURS AUTO-ÉDITÉS ?

Seulement 7% des auteurs interrogés ne se montre pas intéressé par un label qualité de l'auto-édition, tandis que la moitié d'entre eux répond par l'affirmative sans condition et que les autres demandent à voir quels seront les critères d'attribution de ce label.

Il semblerait donc que la majeure partie des auteurs auto-édités soit consciente de la mauvaise image dont souffre l'auto-édition en général, et que la constitution d'un label « qualitatif » pourrait peut-être permettre à la fois d'encadrer leurs démarches de publication, et aussi de faire évoluer les mentalités vers une plus grande curiosité envers les ouvrages auto-édités.

Seriez-vous intéressé par la mise en place d'un « label qualité auto-édition » visant à développer la crédibilité des auteurs auto-édités ?

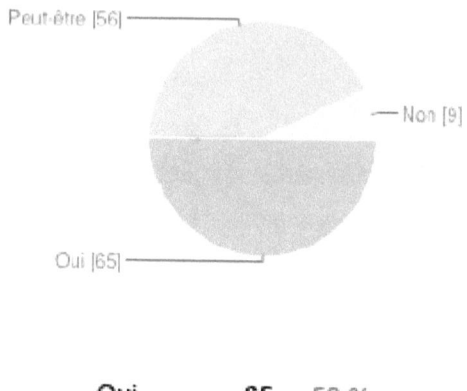

Oui	65	50 %
Peut-être	56	43 %
Non	9	7 %

29. SAVEZ-VOUS QUE CE LABEL QUALITÉ EXISTE DÉJA ?

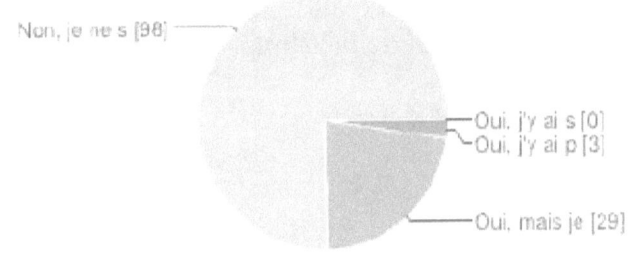

Oui, j'y ai systématiquement recours	0	0 %
Oui, j'y ai parfois recours	3	2 %
Oui, mais je n'y ai pas recours	29	22 %
Non, je ne savais pas	98	75 %

L'initiative d'un label qualité a effectivement déjà été prise par un regroupement d'auteurs auto-édités dont je fais moi-même partie. Ce label a la vocation de pouvoir proposer aux lecteurs une liste d'ouvrages qui, d'un point de vue strictement formel, sont de qualité équivalente à ceux de n'importe quel éditeur.

Pour fonctionner, il repose sur des échanges de services entre auteurs principalement, mais aussi avec des lecteurs, des correcteurs, graphistes, ou d'autres spécialistes du formatage numérique.

Mais seulement une poignée d'ouvrages ont été actuellement labellisés (dont l'un des miens car je voulais tester l'efficacité et les limites de ce projet), et un gros manque de communication est à déplorer au-delà de la sphère des auteurs eux-mêmes.

Par ailleurs, le site « Auto-édition » sur lequel la charte de ce label est présentée souffre d'un mauvais référencement et parfois d'une mauvaise accessibilité, donnant ainsi peu de crédit à une belle initiative qui mériterait pourtant d'être développée davantage.

PARTIE 3

AUTO-ÉDITÉS, COMMENT VOUS FAITES-VOUS CONNAÎTRE ?

30. AVEZ-VOUS UN BLOG ?

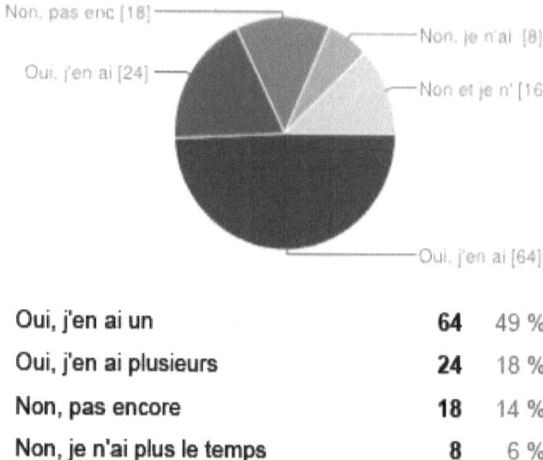

Oui, j'en ai un	**64**	49 %
Oui, j'en ai plusieurs	**24**	18 %
Non, pas encore	**18**	14 %
Non, je n'ai plus le temps	**8**	6 %
Non et je n'envisage pas d'en ouvrir un	**16**	12 %

2 auteurs sur 3 déclarent avoir un ou plusieurs blogs, et 14% projettent d'utiliser le blog comme moyen de se faire connaître en tant qu'auteurs.

12% n'envisagent pas d'en ouvrir un, et 6% déclarent ne plus avoir de temps à consacrer en tant que blogueur.

31. SI VOUS AVEZ UN OU PLUSIEURS BLOGS, Y EN A-T-IL AU MOINS UN DE COLLABORATIF ?

88 auteurs ont répondu à oui à la question précédente, et 92 ont répondu à cette question. La différence provient sans doute des auteurs qui avaient l'intention d'ouvrir un blog.

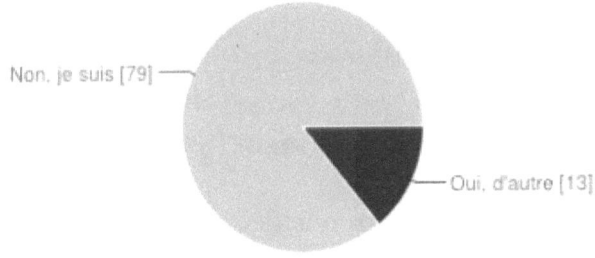

Oui, d'autres rédacteurs que moi y postent des articles   **13**

Non, je suis l'unique rédacteur de mon blog   **79**

32. AVEZ-VOUS UN SITE PERSONNEL DESTINÉ À PROMOUVOIR VOTRE CATALOGUE DE PUBLICATIONS OU Y COMMERCIALISER VOS PRODUITS OU SERVICES ?

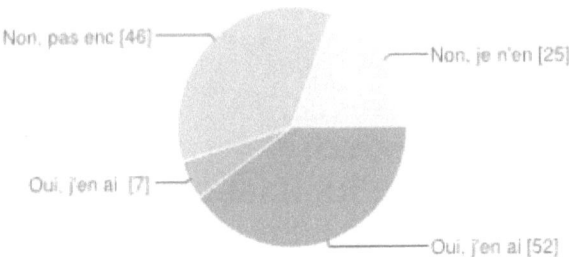

Avez-vous un site personnel destiné à promouvoir votre catalogue de publications ou y commercialiser vos produits ou services ?

Oui, j'en ai un	**52**	40 %
Oui, j'en ai plusieurs	**7**	5 %
Non, pas encore	**46**	35 %
Non, je n'en ai pas besoin	**25**	19 %

45% des auteurs ont déjà un ou plusieurs sites internet pour se faire connaître.

35% ont le projet d'en avoir un.

Seulement 20% des auteurs estiment ne pas en avoir besoin.

33. AVEZ-VOUS CONÇU VOUS-MÊME VOTRE OU VOS SITE(S) PERSONNEL(S) ?

Seulement 14% des auteurs concernés par la question ont eu recours à une personne plus compétente pour la réalisation de leur site.

34. AVEZ-VOUS DEBOURSÉ DE L'ARGENT POUR REALISER VOTRE OU VOS SITE(S) PERSONNEL(S) ?

14% des personnes concernées ont déjà payé un prestataire pour avoir un site internet.

4% ont pratiqué des échanges de services.

Les autres l'ont créé tout seul, ou bien avec l'aide d'autres personnes, bénévoles.

35. COMMENT FAITES-VOUS POUR VOUS FAIRE CONNAÎTRE EN TANT QU'AUTEUR ?

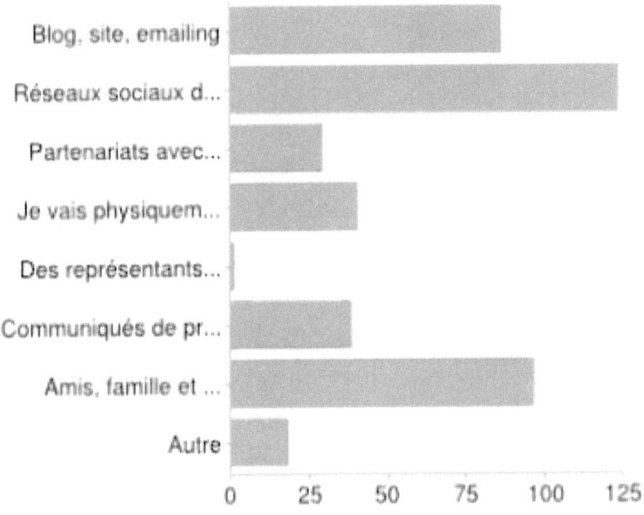

Ce sont les réseaux sociaux (Facebook, Twitter, etc.), puis les amis, la famille et autres réseaux personnels qui arrivent en tête des moyens de promotion des auteurs auto-édités.

- 95% d'entre eux utilisent les réseaux sociaux
- 74% d'entre eux s'appuient sur le soutien de leur entourage

Ce n'est qu'en troisième position qu'arrivent les blogs, sites et emailings (utilisés malgré tout par 2 auteurs sur 3).

- 1 auteur sur 3 environ (31%) va physiquement à la rencontre de ses lecteurs (partenaires et séances de dédicaces)

- 29% utilisent les communiqués de presse pour se faire connaître auprès des médias
- 22% établissent des partenariats avec des blogs spécialisés
- 1 seul auteur déclare avoir recours à des représentants qui démarchent pour lui de futurs partenaires

Parmi les 14% de personnes ayant proposé une autre réponse, on trouve 3 auteurs (2%) qui précisent ne rien faire pour se faire connaître.

Les autres propositions, par contre, témoignent d'une grande diversification des leviers stratégiques : dépôt vente en librairie, participation à des foires ou salons, distribution de flyers, concours littéraires, partenariats artistiques du type exposition poésie/peinture, dépôt numérique dans une base de la production académique d'une communauté universitaire, référencement sur des portails numériques, interviews à la radio, vidéos sur Youtube, encarts publicitaires avec Google Adwords ou Facebook, adhésion à une association d'auteurs...

Internet reste donc apparemment l'outil promotionnel numéro 1 de ces auteurs, et le succès appartiendra sans doute à ceux qui sauront rester à l'affût des nouvelles tendances qui s'y développent.

36. AVEZ-VOUS RECOURS À UN COPYWRITER POUR RÉDIGER VOS PAGES DE VENTE ?

3 auteurs seulement (2% de l'ensemble) ont répondu oui à cette question.

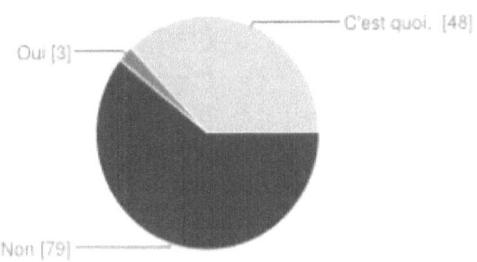

Si vous êtes comme les 48 autres auteurs (37%) qui ne savent pas ce qu'est un copywriter, il s'agit d'un rédacteur spécialisé dans la rédaction de textes publicitaires. Le copywriter est un professionnel de l'accroche, capable de rédiger un texte promotionnel clair et percutant, destiné à faire mouche auprès du public visé. Il peut donc être utile pour rédiger le résumé d'un ouvrage, mais aussi sa description, ou encore **pour susciter l'impatience des lecteurs en planifiant un « lancement orchestré » avant la date de parution d'un ouvrage.**

37. VOS OUVRAGES SONT-ILS PUBLIÉS AU FORMAT NUMÉRIQUE ?

Je rappelle qu'afin de cibler dès le départ des auteurs susceptibles d'avoir déjà eu recours à la publication numérique, cette enquête était uniquement accessible en ligne, et relayée principalement sur les réseaux sociaux.

Vos ouvrages sont-ils publiés au format numérique ?

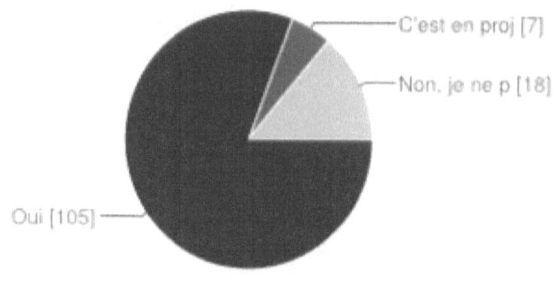

Oui	**105**	81 %
C'est en projet	**7**	5 %
Non, je ne publie qu'au format papier	**18**	14 %

Ces statistiques ne sont donc en aucun cas le reflet des auteurs auto-édités « en général » : elles indiquent que sur les personnes ayant répondu à cette enquête, il y en a effectivement 81% qui ont déjà publié au format numérique, et 5% pour qui il s'agit d'un projet.

14% des auteurs interrogés, par contre, ont malgré tout déclaré ne publier qu'au format papier.

38. QUELS SONT VOS CANAUX DE DISTRIBUTION POUR VOS OUVRAGES NUMÉRIQUES ?

Conformément à la question précédente, 19% des auteurs interrogés ne publient pas encore en numérique.

Pour les autres, on observe une nette démarcation d'Amazon KDP dans les réponses données. Il est donc effectivement **très difficile de parler des auto-édités sans parler d'Amazon KDP** : 62% des auteurs interrogés (soit presque 2 auteurs sur

3) y ont recours.

Les autres plateformes de distribution utilisées sont :

- **Kobo** (en partenariat avec la FNAC) : utilisé par 29% des personnes interrogées
- et **iBookStore** d'Apple : 15% (score qui peut s'expliquer en partie parce que les démarches pour faire entrer un ouvrage dans leur catalogue sont vraiment difficiles pour ceux qui ne parlent pas anglais ou qui n'ont pas recours à un prestataire intermédiaire)

8% des auteurs utilisent **Smashwords**, qui permet d'apparaître sur les différentes plateformes principales de diffusion (toutefois en anglais également).

Parmi les 27% d'auteurs ayant répondu

« Autre », on peut relever les réponses suivantes : Immateriel, Xinxii, le site de l'éditeur (pour ceux qui en ont un), le site de l'imprimeur, Lulu, la librairie du site Auto-édition, Google Play, TheBookEdition, Nook, YouScribe, Payhip, Youscribe, Feedbooks, Atramenta, Narcissus, Scribd...

13% ont recours à une diffusion gratuite ou payante à partir de leur blog ou site personnel.

5% utilisent des plateformes de diffusion de livres gratuits comme Wobook, monBestSeller, Atramenta...

4% (5 auteurs sur 130) ont recours à des pages de vente personnalisées qu'ils diffusent à leur propre base de clients.

39. SELON VOUS, À QUEL TARIF DOIT SE COMMERCIALISER UN LIVRE NUMÉRIQUE DE 50 PAGES MAXI ?

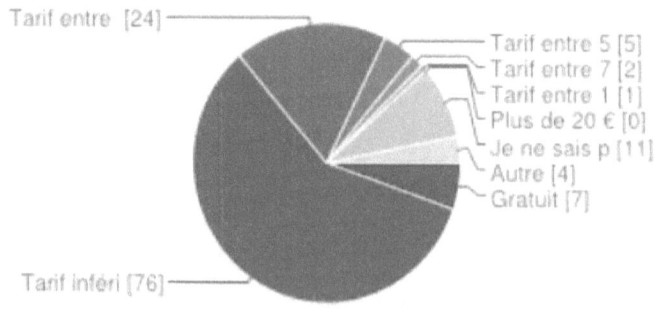

D'abord, je rappelle qu'un livre numérique permet aux lecteurs d'ajuster la taille des caractères en fonction de leurs préférences. Le nombre de pages se réfère donc à une équivalence vis-à-vis du nombre de pages du même livre, mais en version imprimée. Il n'est qu'un indicateur approximatif du contenu.

- 5% des auteurs interrogés (7 auteurs) pensent qu'un livre numérique de 50 pages maxi doit rester gratuit
- 3% des auteurs (4 personnes) ont apporté d'autres réponses : 3 d'entre elles mentionnent un tarif inférieur à 1 € (cette réponse rejoint donc celles du groupe suivant, mais avec un regard plus catégorique), et un autre auteur précise se fier au tarif conseillé par sa plateforme de distribution
- **59% (76 auteurs) des auteurs se réfèrent à un tarif inférieur à 3 €**
- **18% (24 auteurs) pensent qu'un tarif entre 3 et 5 € est adapté**
- 4% (5 auteurs) souhaitent un tarif plutôt entre 5 et 7 €
- 2% (2 auteurs) mentionnent un tarif entre 7 et 10 €
- 1 seul auteur évoque un tarif entre 10 et 20 €
- aucun n'a coché la réponse d'un prix à plus de 20 € (qui, il faut le préciser, reste malgré tout un tarif largement pratiqué sur les pages de vente des infopreneurs)
- 8% des auteurs interrogés (11 réponses) ne savent pas

Les deux tiers des auteurs auto-édités estiment qu'un livre numérique de moins de 50 pages doit se commercialiser à un tarif inférieur à 3 €.

40. SELON VOUS, À QUEL TARIF DOIT SE COMMERCIALISER UN LIVRE NUMÉRIQUE DE 50 À 100 PAGES ?

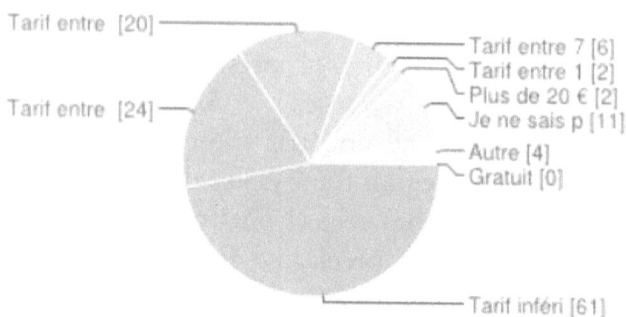

- Ils sont 61 auteurs (47%) à avoir coché la réponse « Tarif inférieur à 3 € »
- 24 auteurs (18%) ont répondu « Tarif entre 3 et 5 € »
- 20 auteurs (15%) ont répondu « Tarif entre 5 et 7 € »
- 6 (5%) pensent qu'un tarif entre 7 et 10 € est tout à fait envisageable
- 2 (2%) se réfèrent à un tarif entre 10 et 20 €
- 2 (2%) pensent qu'un tarif supérieur à 20 € est correct
- 11 auteurs (8%) ne savent pas (même pourcentage qu'à la question précédente)
- 4 auteurs (3%) apportent une autre réponse que celles qui étaient proposées par le formulaire : deux d'entre eux répondent que cela dépend du contenu (qualité du livre), un autre répond qu'il se fie au tarif conseillé par sa plateforme de distribution (comme cela

était déjà le cas pour lui pour la question précédente), et un autre répond que le tarif doit rester inférieur à 2 € (donc rejoint le groupe de ceux qui ont répondu « Tarif inférieur à 3 € »)

Les deux tiers des personnes interrogées pensent donc qu'un livre numérique de 50 à 100 pages doit se commercialiser à un tarif inférieur à 5 €.

41. SELON VOUS, À QUEL TARIF DOIT SE COMMERCIALISER UN LIVRE NUMÉRIQUE DE 100 À 200 PAGES ?

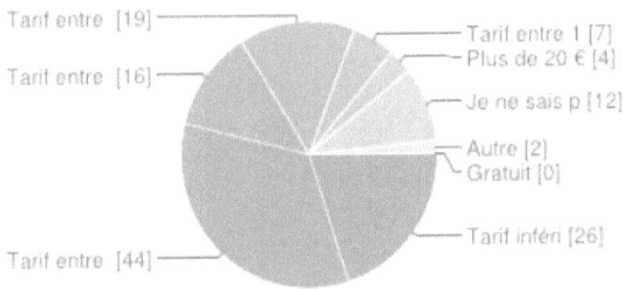

- **Ils sont 26 auteurs (20%) à répondre « Tarif inférieur à 3 € »**
- **44 auteurs (34%) à répondre « Tarif entre 3 et 5 € »**
- 16 auteurs (12%) ont coché la réponse « Tarif entre 5 et 7 € »
- 19 auteurs (15%) : « Tarif entre 7 et 10 € »
- 7 auteurs (5%) mentionnent un tarif entre 10 et 20 €

- 4 auteurs (3%) répondent « Tarif à plus de 20 € »
- 12 auteurs ne savent pas (9%) et l'on peut remarquer une légère hausse, sur ce point, par rapport aux données de la question précédente
- enfin, 2 auteurs (2%) apportent une autre réponse : l'un d'eux précise que cela dépend de la qualité du livre, et l'autre se réfère aux conseils de sa plateforme de distribution

La moitié des auteurs auto-édités estime qu'un livre numérique de 100 à 200 pages doit se commercialiser à un tarif inférieur à 5 €.

80% pensent que le tarif doit être supérieur à 3 €.

42. SELON VOUS, À QUEL TARIF DOIT SE COMMERCIALISER UN LIVRE NUMÉRIQUE DE 200 À 500 PAGES ?

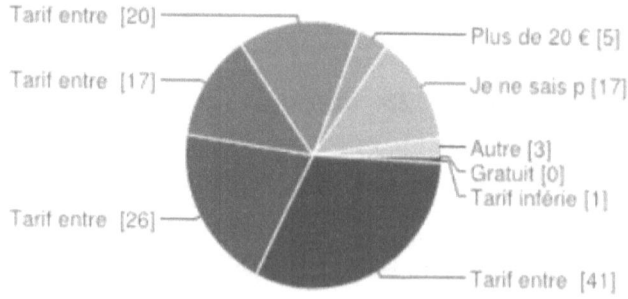

- un seul auteur (1%) a coché la réponse « Tarif inférieur à 3 € »

- **41 auteurs (32%) à répondre « Tarif entre 3 et 5 €»**
- 26 auteurs (20%) ont coché la réponse « Tarif entre 5 et 7 €»
- 17 auteurs (13%) : « Tarif entre 7 et 10 €»
- 20 auteurs (15%) mentionnent un tarif entre 10 et 20 €
- 5 auteurs (4%) répondent « Tarif à plus de 20 €»
- 17 auteurs indiquent n'en avoir aucune idée (13%), et l'on peut donc constater que plus la taille du livre augmente, plus cette part augmente elle aussi
- enfin, 3 auteurs (2%) apportent une autre réponse : l'un d'eux précise que cela dépend de la qualité du livre, et l'autre se réfère aux conseils de sa plateforme de distribution

Ici, les réponses sont donc beaucoup plus mitigées.

Les auteurs auto-édités ne sont plus qu'un tiers à estimer qu'un livre numérique de 200 à 500 pages doit se vendre à un tarif inférieur à 5 €.

Par ailleurs, 99% des auto-édités pensent que ce genre de livre devrait être commercialisé à un tarif supérieur à 3 €, et presque la moitié des auteurs pensent qu'un tarif entre 5 et 10 € serait même plus adapté.

On peut donc observer que la volonté de « brader » son travail diminue en fonction de la taille de l'ouvrage. Plus un livre a un contenu important (en terme de taille), et plus il paraît logique d'en augmenter le prix de vente.

Le débat reste toutefois ouvert : est-ce que le nombre de pages d'un livre numérique peut vraiment avoir une incidence sur son tarif ? Les coûts liés aux frais d'impression sont, dans ce cas précis, absolument inexistants, et si l'on veut se référer au temps de travail de l'auteur pour attribuer un prix à l'ouvrage, il faut reconnaître que certains disposeront d'un rythme d'écriture plutôt lent (en prenant tout leur temps dans le choix des mots), là où d'autres, par expérience ou peut-être aussi parce qu'ils ont fait le choix délibéré de préférer l'art de raconter des histoires à la manière dont il faudrait les raconter, se montreront capables d'écrire beaucoup plus rapidement. Lequel de ces différents contenus sera à l'arrivée le plus intéressant ?

43. VOS OUVRAGES SONT-ILS PUBLIÉS AU FORMAT PAPIER ?

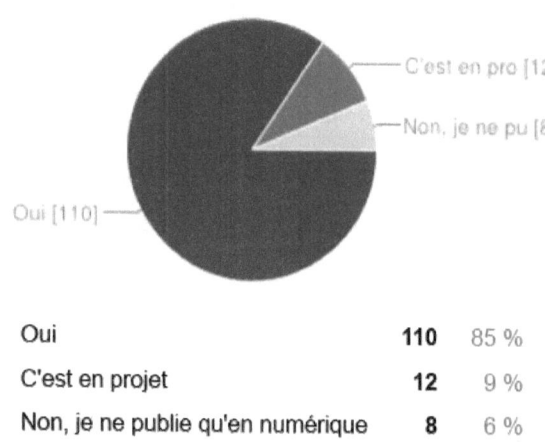

Oui	**110**	85 %
C'est en projet	**12**	9 %
Non, je ne publie qu'en numérique	**8**	6 %

Les auteurs auto-édités démontrent ici leur profond attachement au livre papier.

Pour 94% d'entre eux, **le format numérique n'a pas pour vocation de se substituer au format papier.** Il apparaît comme un support complémentaire.

L'amalgame entre « auteur auto-édité » et « auteur numérique » n'a donc aucune raison d'être.

44. LE COÛT DE REVIENT DE VOS TIRAGES VOUS SEMBLE-T-IL CONSTITUER UN FREIN À LA BONNE DIFFUSION DE VOS OUVRAGES ?

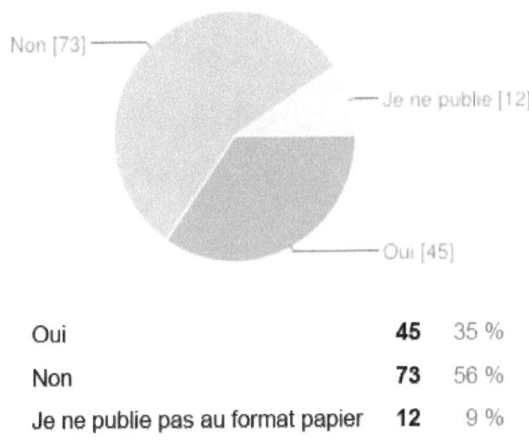

Oui	**45**	35 %
Non	**73**	56 %
Je ne publie pas au format papier	**12**	9 %

Pour plus de la moitié des auteurs auto-édités, et peut-être en partie grâce aux récentes technologies d'impression à la demande (voir les réponses à la question suivante), le coût de revient des tirages ne semble pas constituer un frein à une bonne diffusion des ouvrages.

45. SI VOS OUVRAGES SONT DISPONIBLES AU FORMAT PAPIER, QUELS EN

SONT LES MOYENS DE PRODUCTION ?

Les auteurs avaient ici la possibilité de cocher plusieurs réponses.

Je ne publie pas au format papier	**15**	12 %
Fabrication artisanale par mes propres moyens	**1**	1 %
Impression à la demande	**97**	75 %
Recours à un imprimeur pour un tirage inférieur à 100 exemplaires	**14**	11 %
Recours à un imprimeur pour un tirage entre 100 et 300 exemplaires	**10**	8 %
Recours à un imprimeur pour un tirage entre 300 et 500 exemplaires	**4**	3 %
Recours à un imprimeur pour un tirage entre 500 et 1000 exemplaires	**3**	2 %
Recours à un imprimeur pour un tirage supérieur à 1000 exemplaires	**2**	2 %

Les trois quarts des auteurs auto-édités ont recours à l'impression à la demande.

Ce choix a plusieurs avantages, comme celui d'avoir une attitude responsable envers l'environnement, en minimisant le gâchis et en imprimant les ouvrages que lorsque les lecteurs les réclament, mais surtout, il permet aux auteurs de ne pas avoir à débourser le moindre centime en coûts de fabrication ou de stockage. L'imprimeur vend directement l'ouvrage qu'il a fabriqué au lecteur, et l'auteur ne perçoit que la part qui lui est attribuée.

Ensuite, les réponses données montrent que **seulement 7% des auteurs auto-édités effectuent des tirages supérieurs à 300 exemplaires**, et ils ne sont plus que 2% à réaliser des tirages à plus de 1000 exemplaires.

46. QUELS SONT VOS CANAUX DE DISTRIBUTION POUR VOS OUVRAGES AU FORMAT PAPIER ?

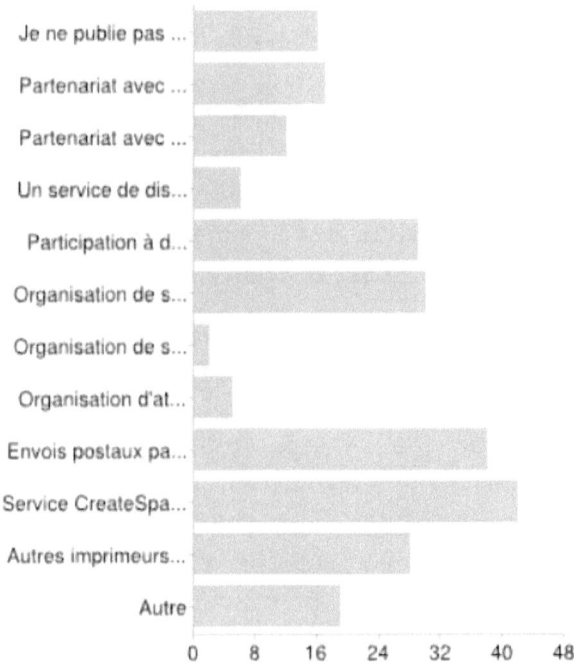

Je ne publie pas au format papier	**16**	12 %
Partenariat avec un ou plusieurs libraires	**17**	13 %
Partenariat avec un ou plusieurs marchands autres que libraires	**12**	9 %
Un service de distribution est chargé de répondre aux commandes des libraires	**6**	5 %
Participation à des salons littéraires ou autres manifestations culturelles	**29**	22 %
Organisation de séances de dédicaces	**30**	23 %
Organisation de séminaires	**2**	2 %
Organisation d'ateliers d'écriture	**5**	4 %
Envois postaux par mes propres moyens	**38**	29 %
Service CreateSpace d'Amazon	**42**	32 %
Autres imprimeurs à la demande accessibles en ligne	**28**	22 %
Autre	**19**	15 %

C'est le service d'impression à la demande CreateSpace d'Amazon qui arrive en tête des réponses, avec un tiers des auteurs qui y ont recours. Ce constat est facilement explicable par le fait que 62% des auteurs avaient répondu plus haut avoir recours à Amazon KDP pour la diffusion de leurs ouvrages au format numérique. Le fait de pouvoir proposer, sur une même plateforme, ses ouvrages à la fois en version brochée et au format numérique, permet de multiplier les chances de pouvoir récolter des commentaires positifs de la part des lecteurs, et ainsi contribuer à un meilleur référencement de l'ouvrage sur la plateforme.

Ensuite, **29% des auteurs pratiquent l'envoi des manuscrits par leurs propres moyens** (38 auteurs, au lieu de 34 ayant répondu précédemment avoir recours à un imprimeur ou réaliser eux-mêmes leurs ouvrages, ce qui laisse supposer que 4 auteurs utilisent également l'impression à la demande pour se constituer un stock personnel d'ouvrages qu'ils diffusent ensuite à leur niveau).

L'organisation de séances de dédicaces et la participation à des salons ou autres manifestations culturelles sont des moyens de distribution pour 45% des auteurs auto-édités.

Les boutiques des imprimeurs à la demande, autres que CreateSpace, sont utilisées par 22% des auteurs.

Le partenariat avec les libraires, qui pourrait sembler être une réponse évidente, ne concerne que 13% des auteurs auto-édités. Ce résultat provient-il de la mauvaise réputation dont souffre l'auto-édition, comme j'ai voulu le mentionner dans l'avant-propos de cet ouvrage ?

9% des auteurs établissent des partenariats avec des marchands autres que les libraires. On peut d'ailleurs mentionner ici des initiatives parfois très originales, avec des peintres, des sculpteurs... ou même des caves à vin et des chocolatiers.

5% des auteurs ont recours à un service de distribution qui est chargé de répondre aux commandes des libraires.

4% organisent des ateliers d'écriture, et 2% préfèrent les séminaires.

Les autres réponses apportées mentionnent plusieurs services d'impression à la demande en particulier, comme TheBookEdition, Lulu, ou Atramenta.

Un auteur (1%) précise également qu'il a plusieurs éditeurs qui gèrent directement la diffusion de ses ouvrages au format papier.

47. UN OU PLUSIEURS DE VOS OUVRAGES SONT-ILS RÉFÉRENCÉS DANS UNE OU PLUSIEURS BASES DE DONNÉES ACCESSIBLES AUX LIBRAIRES ?

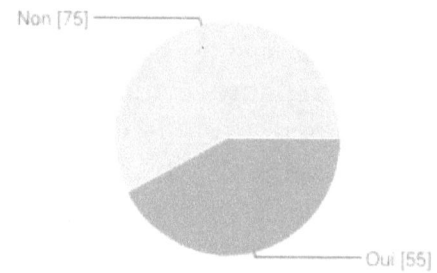

58% des auteurs ne sont pas référencés dans une base de données accessible aux libraires.

La question que l'on peut se poser est la suivante : est-ce que le fait d'être référencé dans une de ces bases peut aider un auteur auto-édité à nouer un partenariat avec un libraire ?

Pour le savoir, j'ai posé la question directement à plusieurs libraires qui figurent parmi mes réseaux sociaux. Mais malheureusement, aucune n'a pris le temps de répondre.

J'ai d'ailleurs déjà pu noter à plusieurs reprises qu'un grand nombre de libraires sont très actifs pour demander les auteurs auto-édités en contact, afin de gagner en visibilité, mais tout en désapprouvant totalement l'auto-édition.

Est-ce l'auto-édition, qui veut se passer des libraires, ou bien les libraires, qui veulent se passer des auto-édités ?

L'auto-édition pourquoi comment pour qui

PARTIE 4

AUTO-ÉDITÉS, QUELS SONT VOS OBJECTIFS ?

48. AVEZ-VOUS DÉJÀ TRADUIT OU FAIT TRADUIRE UN OU PLUSIEURS DE VOS OUVRAGES EN ANGLAIS ?

Les auteurs avaient ici la possibilité de cocher plusieurs cases.

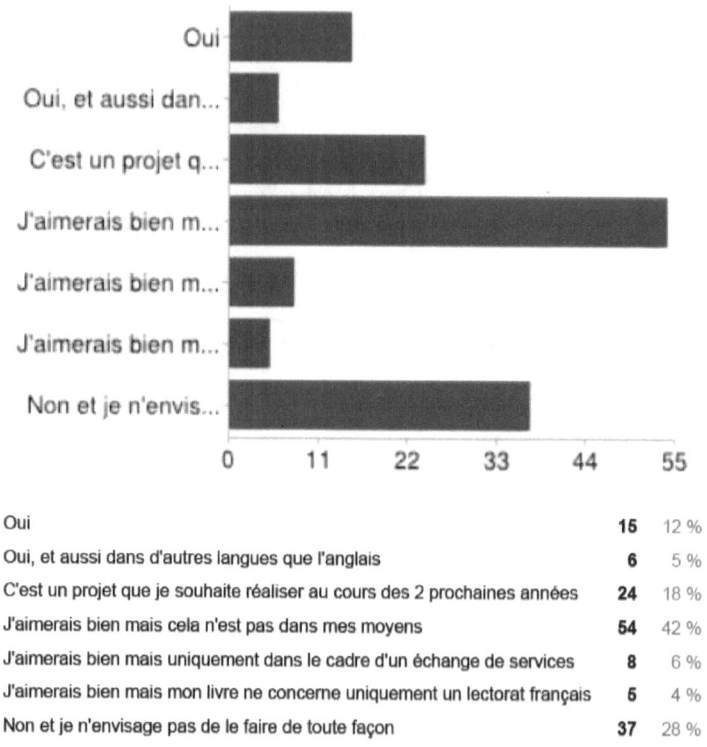

Oui	**15**	12 %
Oui, et aussi dans d'autres langues que l'anglais	**6**	5 %
C'est un projet que je souhaite réaliser au cours des 2 prochaines années	**24**	18 %
J'aimerais bien mais cela n'est pas dans mes moyens	**54**	42 %
J'aimerais bien mais uniquement dans le cadre d'un échange de services	**8**	6 %
J'aimerais bien mais mon livre ne concerne uniquement un lectorat français	**5**	4 %
Non et je n'envisage pas de le faire de toute façon	**37**	28 %

12% ont déjà au moins l'un de leurs ouvrages traduit en anglais, et ils sont 5% à avoir effectué des traductions également dans d'autres langues.

18% caressent le projet de réaliser ce souhait au cours des deux prochaines années.

42% des auteurs auto-édités aimeraient faire traduire leurs ouvrages sans en avoir les moyens, et

6% indiquent qu'ils n'aimeraient le faire que dans le cadre d'un échange de services.

4% des auteurs pensent que leur ouvrage ne s'adresse qu'à un lectorat français, et **28% n'envisagent aucune traduction de toute façon.**

49. AVEZ-VOUS DÉJÀ TRADUIT OU FAIT TRADUIRE UN OU PLUSIEURS DE VOS OUVRAGES DANS UNE LANGUE AUTRE QUE L'ANGLAIS ?

Les auteurs avaient ici la possibilité de cocher plusieurs cases.

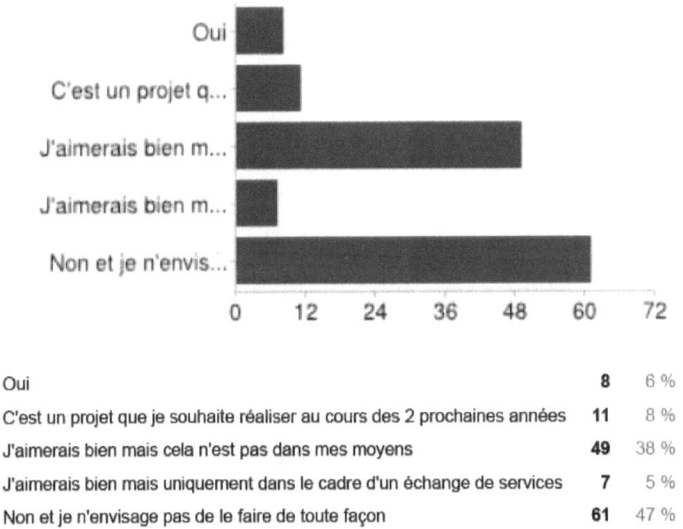

Oui	8	6 %
C'est un projet que je souhaite réaliser au cours des 2 prochaines années	11	8 %
J'aimerais bien mais cela n'est pas dans mes moyens	49	38 %
J'aimerais bien mais uniquement dans le cadre d'un échange de services	7	5 %
Non et je n'envisage pas de le faire de toute façon	61	47 %

6% des auteurs déclarent avoir effectué des traductions dans d'autres langues que l'anglais. Par recoupement avec les résultats de la question précédente, on peut déduire que 2 auteurs sur les 8 concernés ont effectué une traduction dans une langue étrangère sans faire traduire leur ouvrage en anglais.

8% caressent le projet de réaliser ce souhait au cours des deux prochaines années (contre 18% à la réponse précédente concernant les traductions en anglais).

Les langues concernées par ces traductions ou projets de traduction sont :

- l'espagnol (12% des auteurs)
- l'allemand (10% des auteurs)
- l'italien (7% des auteurs)
- le japonais et le chinois (5% pour l'un ou l'autre)
- l'arabe et le portugais (3% pour l'un ou l'autre)
- le russe (2%)
- puis avec une seule citation pour chacune de ces langues : le serbe, le monténégrin, l'indien, l'israélien, le hongrois et le bonifacien (qui est un dialecte différent du corse)
- un auteur indique que toutes les langues l'intéresseraient sans restriction

Mais la moitié des auteurs auto-édités reste absolument pas intéressée par ces diverses traductions.

50. AVEZ-VOUS DÉJÀ ÉCRIT OU FAIT TRADUIRE UN OU PLUSIEURS DE VOS OUVRAGES DANS UN DIALECTE LOCAL ?

2% des auteurs interrogés (3 auteurs) ont répondu qu'ils l'avaient déjà fait (2 auteurs) ou projetaient de le faire au cours des deux prochaines années. Les langues citées sont le wallon, le breton, le basque, le corse, le bonifacien, le créole, et l'irlandais.

10% (13 auteurs) aimeraient bien le faire, mais estiment que cela n'est pas dans leurs moyens. Un auteur supplémentaire indique qu'il ne souhaiterait le faire que dans le cadre d'un échange de services.

Et 88% des auteurs auto-édités ne sont pas intéressés par cette possibilité.

51. PENSEZ-VOUS QU'UN OU PLUSIEURS DE VOS OUVRAGES POURRAIT FAIRE L'OBJET D'UNE ADAPTATION CINÉMATOGRAPHIQUE ?

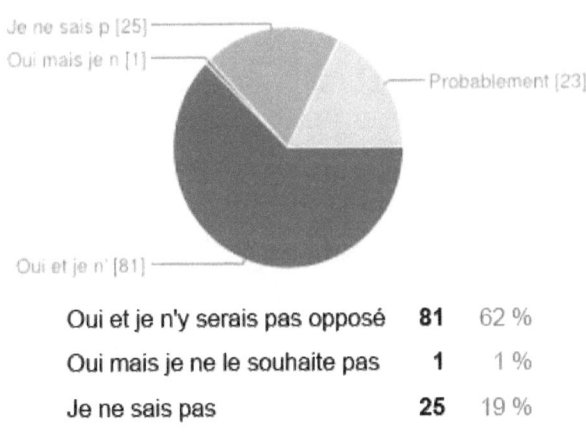

Oui et je n'y serais pas opposé	81	62 %
Oui mais je ne le souhaite pas	1	1 %
Je ne sais pas	25	19 %
Probablement pas	23	18 %

Quasiment deux auteurs auto-édités sur trois pensent que l'un ou plusieurs de leurs ouvrages pourrait faire l'objet d'une adaptation cinématographique.

52. DANS LE CAS OÙ UNE PROPOSITION D'ADAPTATION CINÉMATOGRAPHIQUE VOUS SERAIT FAITE, SOUHAITERIEZ-VOUS BÉNÉFICIER DU SOUTIEN D'UNE PERSONNE EXPÉRIMENTÉE POUR NÉGOCIER VOTRE CONTRAT ?

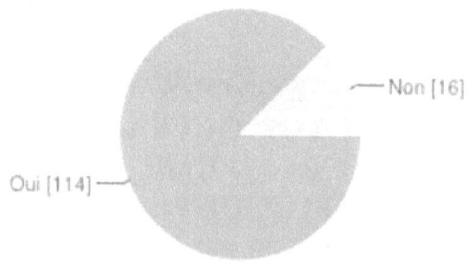

Non [16]

Oui [114]

Cette question avait pour but d'explorer les limites du tempérament indépendant des auteurs auto-édités, ainsi que les éventuelles implications de l'auto-édition dans le développement d'autres professions.

Ici, 88% des auteurs auto-édités répondent qu'ils aimeraient bénéficier du soutien d'une personne avisée au cas où une proposition d'adaptation cinématographique leur serait faite.

53. AVEZ-VOUS UN PROJET ÉDITORIAL PRÉCIS POUR LES PROCHAINES ANNÉES ?

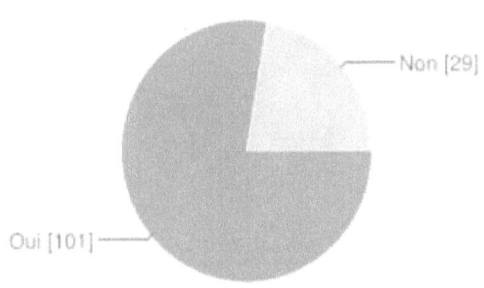

Trois auto-édités sur quatre (78%) ont un projet éditorial établi.

Les auteurs interrogés démontrent ici toute l'importance qu'ils accordent à une cohérence dans leurs publications.

54. ENVISAGEZ-VOUS DE FAIRE DE VOTRE ACTIVITÉ D'AUTO-ÉDITÉ UNE ACTIVITÉ PROFESSIONNELLE À PART ENTIÈRE ?

Quelles sont les véritables intentions d'un auteur auto-édité ?

Envisagez-vous de faire de votre activité d'auto-édité une activité professionnelle à part entière ?

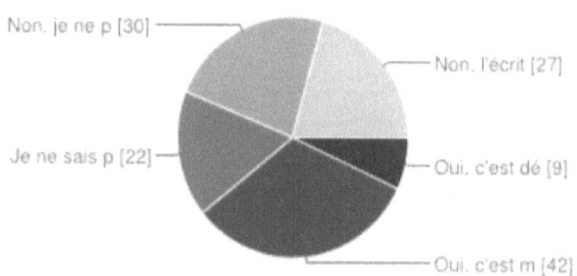

Oui, c'est déjà le cas	**9**	7 %
Oui, c'est mon objectif	**42**	32 %
Je ne sais pas encore	**22**	17 %
Non, je ne pense pas que cela soit possible	**30**	23 %
Non, l'écriture restera pour moi un simple loisir	**27**	21 %

D'abord, **7% des auteurs indiquent que l'auto-édition est pour eux une activité professionnelle à part entière.** Ce point concerne 9 auteurs sur les 130 interrogés, et tout le suspens consiste à savoir si cela restera le cas sur le long terme.

Dans leur sillon, **un tiers des auto-édités a cet objectif de pouvoir vivre de leurs revenus issus de l'auto-édition.** Là aussi, un bilan s'avèrera sans doute nécessaire dans quelques années.

17% ne savent pas encore si cet objectif est réaliste ou pas.

23% ne pensent pas que cela soit possible (mais peut-être changeront-ils d'avis en découvrant les résultats de cette enquête).

Et enfin, 21% des personnes interrogées déclarent que l'écriture restera pour elles un simple loisir.

55. PENSEZ-VOUS QU'IL EST MALSAIN DE VOULOIR GAGNER DE L'ARGENT EN ÉCRIVANT DES LIVRES ?

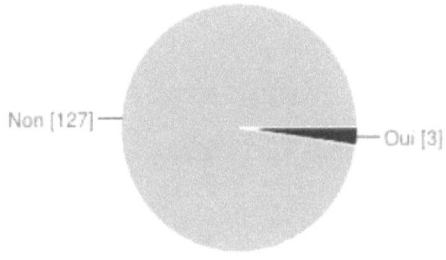

3 auteurs (2%) ont répondu oui à cette question.

L'auto-édition pourquoi comment pour qui

PARTIE 5

AUTO-ÉDITÉS, QUE PENSEZ-VOUS DE L'AUTO-ÉDITION ?

56. SELON VOUS, QUELS SONT LES PRINCIPAUX AVANTAGES DE L'AUTO-ÉDITION ?

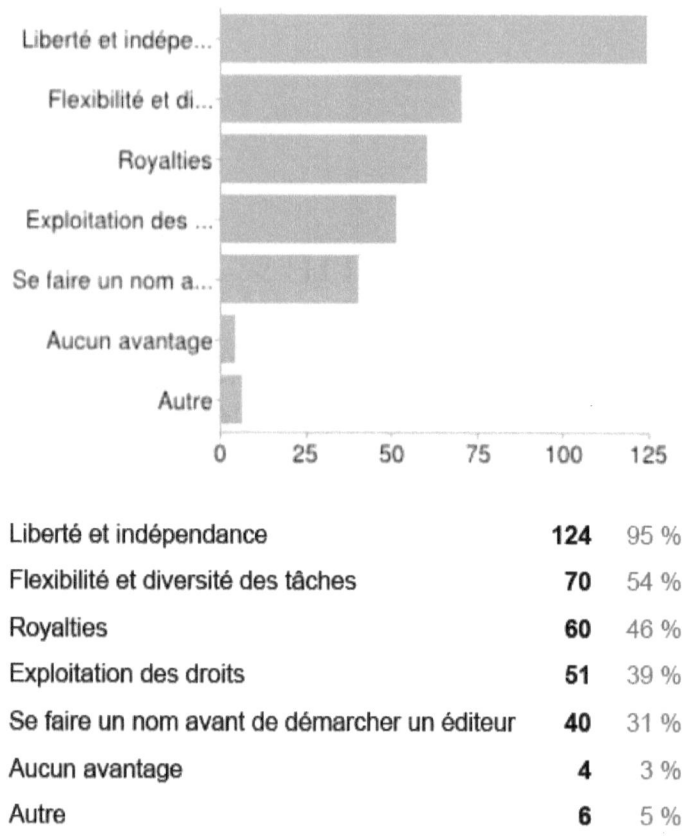

Liberté et indépendance	**124**	95 %
Flexibilité et diversité des tâches	**70**	54 %
Royalties	**60**	46 %
Exploitation des droits	**51**	39 %
Se faire un nom avant de démarcher un éditeur	**40**	31 %
Aucun avantage	**4**	3 %
Autre	**6**	5 %

95% des auto-édités déclarent apprécier la liberté et l'indépendance que procure l'auto-édition.

3% des personnes interrogées (4 auteurs) déclarent qu'il n'y a aucun avantage à être un auto-édité (mais 2 d'entre eux ont également coché « la liberté et l'indépendance », ainsi que « la flexibilité et la diversité des tâches » dans les réponses à la question).

Parmi les autres réponses apportées, on peut citer des commentaires comme « améliorer sa plume », « rencontrer des gens instruits et sympas », « le fait d'être récompensé à sa juste valeur », « voir ses œuvres imprimées », et aussi « pouvoir fixer soi-même le prix de vente ».

57. PARMI LES PROPOSITIONS PRÉCÉDENTES, QUEL EST L'AVANTAGE AUQUEL VOUS TENEZ PAR DESSUS TOUT ?

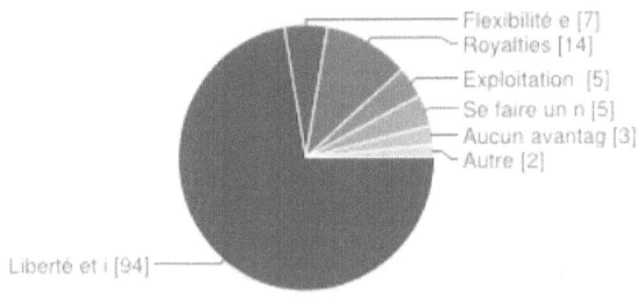

Liberté et indépendance	**94**	72 %
Flexibilité et diversité des tâches	**7**	5 %
Royalties	**14**	11 %
Exploitation des droits	**5**	4 %
Se faire un nom avant de démarcher un éditeur	**5**	4 %
Aucun avantage	**3**	2 %
Autre	**2**	2 %

Trois auto-édités sur quatre tiennent par dessus tout au goût de la liberté et de l'indépendance.

Ensuite, 11% des auteurs interrogés désignent les royalties comme étant l'avantage auquel ils tiennent en priorité.

Parmi les autres réponses, un auteur estime qu'il est particulièrement avantageux de pouvoir « fixer un prix raisonnable », et deux autres auteurs préfèrent enfoncer le clou : l'auto-édition n'a vraiment aucun avantage !

58. SELON VOUS, QUELLES SONT LES PRINCIPALES DIFFICULTÉS DE L'AUTO-ÉDITION ?

Afin de dresser un panorama le plus complet, la liberté était laissée aux auteurs de pouvoir cocher plusieurs cases.

Par ailleurs, la suggestion de réponse « l'exportation vers d'autres pays » concernait les difficultés pour faire traduire ses ouvrages.

La promotion et le marketing font partie des principales difficultés de l'auto-édition pour 83% des personnes interrogées. Or, ces deux paramètres sont essentiels au succès d'un auteur auto-édité. Ils font toute la différence entre l'auto-publication et l'auto-édition.

La correction	**45**	35 %
La mise en page et le formatage	**16**	12 %
La nécessité de devoir recourir à d'autres personnes pour obtenir un résultat satisfaisant	**17**	13 %
La promotion et le marketing	**108**	83 %
Le travail d'édition dans sa globalité	**22**	17 %
Les coûts	**31**	24 %
Le manque de soutien de la part des libraires, institutions culturelles et différents médias	**86**	66 %
Le manque de curiosité des lecteurs	**54**	42 %
L'exportation vers d'autres pays	**17**	13 %
Autre	**8**	6 %

Pour y faire face, l'auteur auto-édité ne dispose que de deux moyens : soit il décide d'acquérir les compétences nécessaires en la matière, soit il se fait accompagner par une personne qui sera capable (ou aura le temps nécessaire, car c'est aussi une question de temps disponible) de le faire pour lui.

- Pour le premier cas, j'invite tous les auto-édités qui se heurtent à ce problème à se référer au lien indiqué à la fin de cet ouvrage, et pointant vers un programme de 21 vidéos réalisées par Jean-Philippe Touzeau, un des succès de l'auto-édition francophone... et dont le best-seller *La Femme sans peur* sera bientôt traduit en anglais.

- Pour le second cas, j'invite les auteurs concernés à s'inspirer de l'auteur Jacques Vandroux, qui est en réalité un binôme constitué de Jacques, qui écrit, et « Jacqueline », sa femme, qui effectue toutes les tâches qui concernent plutôt la partie édition. Cette répartition des rôles, parfaitement huilée, a sans doute largement contribué à leurs multiples succès.

Parmi les autres difficultés rencontrées par les auto-édités arrivent ensuite le manque de soutien de la part des libraires, institutions culturelles et différents médias (cité par les deux tiers des auto-édités), le manque de curiosité des lecteurs (cité par 42% des auto-édités), et l'étape de correction, qui renvoient d'après moi à un seul et même problème, qui concerne la qualité des ouvrages auto-édités.

Pour améliorer la mauvaise réputation de l'auto-édition, il semble nécessaire que les auteurs prennent l'habitude d'unir leurs forces et compétences (dans le cadre d'échanges de services, par exemple), ou bien de s'entourer des personnes appropriées qui les aideront à se démarquer de la masse des ouvrages auto-publiés.

Certains auteurs ont mentionné d'autres réponses à cette question, concernant principalement un manque de reconnaissance (« ne pas pouvoir intégrer un cercle littéraire officiel », « préjugés alimentés par les agrégés et auteurs agrégés », « parcours du combattant pour vendre en librairie »…), mais aussi le coût exorbitant des frais de port concernant les ouvrages à envoyer soi-même.

59. PARMI LES PROPOSITIONS PRÉCÉDENTES, QUELLE EST LA DIFFICULTÉ QUI VOUS SEMBLE LA PLUS LOURDE ?

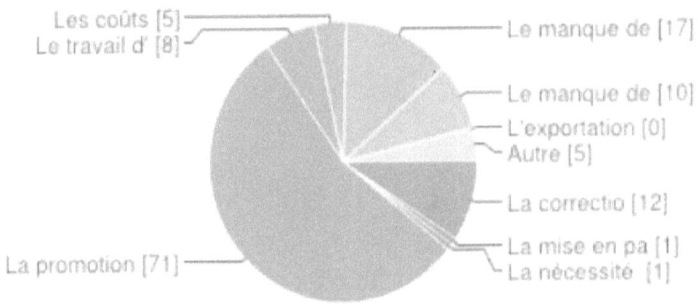

La correction	12	9 %
La mise en page et le formatage	1	1 %
La nécessité de devoir recourir à d'autres personnes pour obtenir un résultat satisfaisant	1	1 %
La promotion et le marketing	71	55 %
Le travail d'édition dans sa globalité	8	6 %
Les coûts	5	4 %
Le manque de soutien de la part des libraires, institutions culturelles et différents médias	17	13 %
Le manque de curiosité des lecteurs	10	8 %
L'exportation vers d'autres pays	0	0 %
Autre	5	4 %

Là aussi, la promotion et le marketing représentent la difficulté la plus lourde pour plus de la moitié des auto-édités.

Mais l'on peut constater que le manque de soutien des libraires, institutions culturelles et différents médias, ne représente la difficulté la plus lourde que pour 13% des personnes interrogées.

RÉSUMÉ DE L'ENQUÊTE ET CONCLUSIONS

L'auto-édition pourquoi comment pour qui

RÉSUMÉ DE L'ENQUÊTE
ET CONCLUSIONS

En France, l'auto-édition a très mauvaise presse… Pour ne pas dire « pas de presse du tout » !

Pour faire court, on pourrait résumer la situation en disant que les éditeurs et les libraires la méprisent, les distributeurs refusent de s'en occuper, et les médias font comme si elle n'existait pas.

Quant aux lecteurs, qui sont confrontés à une diversité de publications toujours plus large, il leur semble moins risqué de se diriger vers ces auteurs « que tout le monde lit », que vers ces auto-édités que personne ne connaît. D'ailleurs, on peut se poser la question : « Peut-on faire confiance à un auteur auto-édité ? »

Le statut d'auteur auto-édité a effectivement quelque chose de suspect : puisqu'il n'est pas un auteur tout court, l'auteur auto-édité ne peut être qu'un écrivain raté. Puisque les éditeurs n'ont pas accepté son ouvrage, son talent ne peut être qu'une imposture.

Ces clichés ont la vie dure…

Néanmoins, cette enquête révèle qu'un quart des auteurs interrogés pratique l'auto-édition en complément à d'autres publications effectuées avec un éditeur. Et **seulement un quart des auto-édités auraient choisi l'auto-édition parce qu'ils n'ont pas trouvé d'éditeur.**

Pour 3 auto-édités sur 4, ce n'est pas le fait d'avoir été refusé par les éditeurs qui les motive à s'auto-éditer.

Pour 40% environ des personnes interrogées, il s'agit en effet d'une **stratégie à long terme, visant à trouver un éditeur** :

- En gagnant en visibilité afin qu'un éditeur les contacte
- En se constituer un lectorat avant de contacter un éditeur

Par ailleurs, **pour 20% des auteurs, l'auto-édition est une activité à temps complet**, et 32% lui consacrent plus de dix jours par mois. Cela ne semble pas constituer une contrainte pour autant étant donné que :

- 3 auto-édités sur 4 apprécient particulièrement le plaisir d'agir en toute liberté
- 20% sont motivés à l'idée que l'auto-édition puisse leur permettre de vivre de leur passion pour l'écriture
- **4% vivent déjà officiellement de leur plume (7% selon mes recoupements)**
- **3 auto-édités sur 4 ont un projet éditorial précis pour les prochaines années**

Bien que l'auto-édition semble convenir à tous les genres, les ouvrages produits concernent principalement les romans et œuvres de littérature générale (44%), les ouvrages de science-fiction, fantasy ou terreur (39%), puis les livres policiers, à suspens ou thrillers (23%).

Intimement liée au format numérique, l'auto-édition marque également le grand retour des romans feuilletons (séries), et des nouvelles. Ces formats courts semblent particulièrement adaptés aux rythmes de vie actuels, et aux nouveaux supports de lecture utilisés (liseuses, tablettes, mais aussi Smartphones).

Autre point très important : le format numérique ne se présente pas comme un format concurrent du format papier, mais comme une alternative. Il permet notamment de réconcilier des personnes (qui n'avaient pas rouvert un livre depuis des années) avec le plaisir de la lecture.

L'amalgame entre « auteur auto-édité » et « auteur numérique » n'a pas lieu d'être : 99% des auteurs auto-édités publient également en version papier.

Pour faire taire cette mauvaise réputation qui leur colle à la peau, et selon laquelle leurs livres seraient truffés de fautes, mal formulés et pas imprimés dans les règles de l'art, les auto-édités se montrent très soucieux de la qualité de leurs ouvrages.

- **seulement 10% des auto-édités se moquent de la qualité orthotypographique de leurs publications**
- Ils sont 9% à avoir systématiquement recours à un coach ou conseiller littéraire pour leurs travaux, et 18% à y avoir recours de manière ponctuelle
- Par ailleurs, 60% des auto-édités considèrent que leurs ouvrages n'ont rien à envier à ceux des maisons d'édition
- **3 auteurs sur 4 ont d'ailleurs recours, de façon ponctuelle (13%) ou systématique (59%), à un ou plusieurs correcteurs**

Enfin, **une petite partie des auto-édités n'hésite pas à dépenser de l'argent** pour faire les choses correctement :

- ils sont 5% à avoir déjà rémunéré un conseiller littéraire
- 7% à avoir déjà rémunéré des relecteurs
- 9% à avoir déjà payé quelqu'un pour la rédaction du résumé d'un ouvrage
- 21% à avoir déjà rémunéré un correcteur
- 14% à avoir payé un prestataire pour la réalisation de leur site d'auteur
- Par ailleurs, des partenariats avec des traducteurs sont à prévoir : 12% des auteurs sont déjà traduits en anglais, et 18% ont un

projet de traduction pour les deux années à venir

Les auteurs auto-édités ne sont des auteurs indépendants (« auteurs indés ») que vis-à-vis des éditeurs. Pour le reste, cette enquête a montré la nécessité pour eux de s'entourer au maximum des personnes compétentes pour maîtriser chacun des points de leurs projets.

Pour autant, est-ce que les auto-édités font de l'anti-édition ?

Cette catégorie d'auteurs est une minorité. En effet, **5% des auto-édités refuseraient d'emblée la proposition d'un éditeur.**

Les éditeurs ont tout à gagner à rester à l'affût de ce qui se publie dans le milieu des auto-édités.

Leur principale crainte n'est évidemment pas que des ouvrages désastreux leur fassent de l'ombre. Ils savent que les plus mauvais textes, même s'ils sont accessibles à tous, n'évolueront jamais au-delà de la sphère familiale de l'auteur lui-même. Par contre, l'auto-édition pourrait se démocratiser au point de donner l'idée à certains de leurs meilleurs auteurs de vouloir voler de leurs propres ailes.

Tout le monde se souvient de Marc-Édouard Nabe, par exemple, qui a créé sa propre plateforme de diffusion en janvier 2010 pour la sortie de son premier livre auto-édité *L'Homme qui arrêta d'écrire*.
Si cette initiative n'a pas été suivie en France, le cas s'est en revanche déjà produit plusieurs fois aux Etats-Unis, où plusieurs auteurs à succès ont décidé de continuer leur route en se passant de leurs éditeurs.

C'est justement ce qui se passe chez les Américains, qui inquiète particulièrement les libraires français. Là-bas, avec quelques années d'avance sur le monde francophone, l'auto-édition a peut-être permis l'émergence de nouveaux auteurs, mais elle a surtout contribué au fait que le nombre de ventes d'ebooks a désormais dépassé celui des ventes de livres papier.

Nos libraires devront-ils mettre la clé sous la porte, si la lecture numérique se démocratise comme cela a été le cas outre-Atlantique ? Est-ce que les auto-édités, en collaborant avec les grosses plateformes de distribution, ne sont pas en train de faire pencher la balance du mauvais côté ?

Cette enquête révèle que 2 auto-édités sur 3 considèrent que le manque de soutien des libraires, institutions culturelles et médias, est une des principales difficultés de l'auto-édition.

Les auteurs auto-édités se montrent donc tout à fait disposés à établir des partenariats avec les libraires. En effet, l'organisation de séances de dédicaces, de rencontres, d'ateliers d'écriture, n'est-elle pas un moyen d'attirer les gens vers la découverte de nouveaux livres ?

L'auto-édition française se heurte également aux pouvoirs politiques, qui cèdent à la pression des lobbys de l'industrie du livre papier. En effet, on peut s'étonner du fait qu'actuellement, **en France, moins de 3% des livres sont publiés en numérique,** tandis que de plus en plus de gens possèdent déjà les supports qui leur permettent d'accéder à ce contenu.

Depuis janvier 2015, le livre numérique fait l'objet d'un débat pour le peu insolite. Il faudrait lui appliquer une TVA à 20%, là où le même contenu publié au format papier bénéficierait lui d'une TVA réduite à 5,5%.

Un livre numérique ne serait donc pas un livre ? La lecture au format papier devrait être encouragée, mais pas au format numérique ? Les enfants d'aujourd'hui trouvent des tablettes au pied de leur sapin de Noël, passent plus de temps connectés à leurs écrans qu'à courir dans les parcs et les champs, mais surtout, il ne faudrait pas qu'ils soient encouragés à la lecture numérique parce qu'un livre numérique n'est pas un livre ?

La lecture sur tablette, liseuse, ou Smartphone, permet :

- de connaître instantanément la définition précise d'un mot
- de prendre des notes
- de surligner des passages et de pouvoir s'y référer ensuite en les retrouvant dans une liste
- de bénéficier de contenus annexes grâce aux liens fournis dans l'ouvrage
- de bénéficier de mises à jour automatiques du contenu du livre
- une disponibilité instantanée dès que l'achat a été validé, et ce partout dans le monde, même à l'étranger (très pratique pour les expatriés)
- un gain de place énorme (une bibliothèque entière dans un seul livre)
- un accès au savoir au prix de deux ou trois livres papier (dans les cas des liseuses)
- etc.

Alors oui, le livre numérique possède beaucoup plus d'avantages que le livre papier. Mais est-ce que ces avantages ne vont pas justement dans le sens d'une meilleure accessibilité au savoir ? Et ces avantages sont-ils liés au contenu, ou bien au support de lecture (qui, lui, est commercialisé avec une TVA à 20%) ?

Toutes ces polémiques concernant l'auto-édition et le format numérique ne cherchent-elles pas plutôt à dissimuler le fait que sur notre vieux continent, on préfère camper sur de vieilles habitudes plutôt que de devoir s'adapter aux changements ?

Notre système serait-il à ce point parfait, pour que tout le monde s'évertue à le préserver ?

En France, un nouvel ouvrage est publié par un éditeur toutes les 7 minutes. Sa visibilité chez les libraires, s'il tarde à se vendre, ne sera que de quelques semaines seulement. Et ensuite ? Et ensuite, soit les auteurs parviennent à racheter le stock d'invendus pour le vendre eux-mêmes (mais c'est rare), soit c'est **direction « le pilon », où chaque année, rien que dans notre pays, 100 millions de livres sont broyés dans des usines sous haute surveillance** (source Pierre Jourde, écrivain).

Savez-vous aussi que le pilon n'est pas forcément synonyme d'échec commercial ? En effet, un éditeur peut faire le choix délibéré, dès le départ, d'imprimer une masse de livres, d'un auteur célèbre, dans le seul but d'impressionner les clients, en créant un effet d'attraction, comme cela est le cas sur toutes les têtes de gondoles des magasins.

Faire imprimer 100 000 livres permettrait alors d'être certain d'en vendre 50 000.

Certes, le papier se recycle (et je suis sûr que vous y repenserez à chaque fois que vous achèterez une pizza à emporter, puisque son carton d'emballage est la première réincarnation de cette prestigieuse culture non consommée !), mais les reproches écologiques que certains font au format numérique ne sont-ils pas un peu biaisés ? Quelle est l'empreinte carbone de toutes ces publications et ces flux de marchandises inutiles liés à l'industrie du livre papier ?

Qu'on le veuille ou non, l'auto-édition ne sera pas qu'un feu de paille. Elle s'annonce d'ores et déjà comme un tsunami culturel dans le monde du livre. Mais comme cela est toujours le cas face aux changements majeurs, chacun a le choix de la percevoir comme la fin d'une situation confortable, ou le début d'un équilibre nouveau où tout le monde devra trouver sa place.

En attendant, grâce à l'auto-édition, plusieurs bonnes nouvelles sont à prévoir :

- les jeunes auteurs pourront publier leurs premiers ouvrages et commencer à se constituer un solide lectorat (1 auteur auto-édité sur 5 a déjà publié un ouvrage qui s'est écoulé à plus de 1000 exemplaires), affiner un vrai projet éditorial sur le long terme, et par conséquent gagner en crédibilité, si cela est leur but, aux yeux d'éditeurs qui ont de plus

en plus de mal à assumer financièrement le risque lié à la propulsion de nouvelles œuvres
- certains de ces auteurs pourront peut-être avoir une rémunération valorisante de leur travail d'écriture (4% des auto-édités gagnent plus de 2000 € par mois)
- les éditeurs les plus vigilants pourront y repérer leurs meilleurs auteurs, et leur apporter ainsi les compétences indispensables pour propulser des ouvrages prometteurs vers d'autres succès
- les libraires pourront s'épanouir dans leur passion des livres en jouant leur rôle de dénicheurs de nouveaux talents (locaux ou pas)
- les conseillers littéraires, les coachs, les relecteurs, les correcteurs, les copywriters, les graphistes, les imprimeurs, les webmasters, les développeurs, les distributeurs, etc. pourront bénéficier d'un nouveau marché à exploiter
- les lecteurs pourront tisser des liens privilégiés avec les auteurs, et découvrir des ouvrages variés et originaux, parfois aux mélanges de genres audacieux
- les cinéastes bénéficieront de nouvelles sources d'inspiration (les deux tiers des auto-édités pensent que leur ouvrage pourrait faire l'objet d'une adaptation cinématographique)
- et beaucoup d'autres initiatives pourront voir le jour au fur et à mesure du développement du format numérique enrichi

Désormais, après avoir pris connaissance de tous

ces précieux renseignements distillés dans cette enquête, à la question « L'auto-édition : imposture, ou pépinière de nouveaux talents ? », vous saurez répondre en connaissance de cause.

Pour ma part, je me suis fait mon opinion :

Aux conservateurs, les imposteurs. Aux entrepreneurs, les opportunités !

N'ayez pas peur du changement.

Craignez seulement de ne pas avoir l'audace d'y participer !

L'auto-édition pourquoi comment pour qui

LIENS INCONTOURNABLES

La version numérique de cet ouvrage comporte de nombreux liens directs vers des sites internet particulièrement utiles aux auteurs auto-édités, classés en différentes catégories :

- Aide à l'écriture
- Actualité de l'auto-édition et aide à l'auto-édition
- Solidarité entre auteurs auto-édités et services gratuits de publication

Pour plus de commodité, je vous invite à télécharger le fichier PDF contenant tous ces liens sur la page sécurisée ci-indiquée, en utilisant le mot de passe « autoedition » (sans accent) :

http://goo.gl/DzP8vY

Bonne réception !

Je vous souhaite une belle aventure dans l'auto-édition.

L'auto-édition pourquoi comment pour qui

À PROPOS DE L'AUTEUR

Je suis né en 1974 et je vis en Haute-Savoie, où j'ai hiberné pendant assez longtemps pour avoir désormais une envie farouche de passer du rêve à l'action.

Charlie Bregman est un pseudonyme que je me suis trouvé lors de la création de mon premier blog en 2006, et comme c'est sous ce nom que je me suis constitué mon premier lectorat, je l'ai gardé.

J'ai concrétisé l'écriture de mon premier roman sur un blog, que j'ai ouvert en collaboration avec un illustrateur en mai 2006. Notre aventure a duré un an et demi, et ça a été une des plus passionnantes expériences de ma vie car nous étions encouragés par plusieurs centaines d'internautes chaque jour. Le rythme était intensif. Chaque semaine, nous publiions deux à trois épisodes qui devaient amuser les lecteurs, réveiller leurs meilleurs souvenirs d'adolescence, et les rendre impatients, surtout, de découvrir la suite.

Tous les épisodes publiés ont fini par former le premier jet d'une histoire que les lecteurs les plus accros ne cessaient de me réclamer en version papier. Néanmoins, un long travail de réécriture était nécessaire, et ce n'est qu'en fin 2010 que je me suis retrouvé avec mon manuscrit vraiment terminé.

Connaissant les statistiques de refus des premiers manuscrits, je me suis rapidement posé la question du choix de l'auto-édition. Par acquis de conscience, j'ai fini par envoyer mon livre à une seule maison d'édition (une des plus grosses, forcément, comme le font bêtement tous les débutants), et en décidant qu'en cas de refus, ce serait le feu vert pour l'indépendance, avec toute la liberté qui va avec. Aujourd'hui, je ne regrette pas ce choix, car c'est l'auto-édition, qui m'a permis de trouver mes premiers lecteurs. Grâce à leurs réactions, leurs encouragements et leurs attentes, j'ai pu progresser vers une écriture plus régulière et surtout plus sereine.

À l'époque, je n'attendais rien d'autre de cette décision que de m'offrir une aventure personnelle. En lisant quelque part qu'un premier roman, en France, s'écoule en moyenne à 700 exemplaires, je m'étais fixé l'objectif (que je trouvais très ambitieux, mais qui relevait en réalité de mes propres croyances limitatrices) d'être lu par un millier de personnes environ.

Grâce à une publication numérique, venue en renfort un an après la sortie de deux éditions brochées successives, cet objectif a été dépassé courant 2013, avec 1200 lecteurs atteints environ.

Depuis, j'encourage tous ceux qui ont tendance à « rêver leur vie », comme je le faisais probablement avant, à passer enfin à l'action pour « vivre la vie de leurs rêves »…

Et comme j'aime de plus en plus écrire, j'essaie de le faire en leur écrivant des livres.

Pour suivre mon actualité, rendez-vous chez moi : http://charlie-bregman.iggybook.com

Pour faire plus ample connaissance, retrouvons-nous sur les réseaux sociaux.

Charlie Bregman

AUTRES PUBLICATIONS
DE L'AUTEUR

* MA VIE EST UN SKETCH *

Projet de quadrilogie, dans laquelle on suit l'évolution identitaire et spirituelle d'un personnage devant diverses épreuves de sa vie. Humour et développement personnel devraient être les grands fils conducteurs de cette série.

* AUTO-ÉDITION *

L'écriture fait partie intégrante de l'expression de soi. En ce sens, elle répond à un besoin universel et essentiel de tout être : le besoin de se dire et de communiquer ses émotions. Cette collection me permet de partager les fruits de ma propre expérience d'auteur auto-édité.

* LA REViE JOYEUSE *

Cette collection regroupe les jalons d'un travail personnel qui me tient à cœur : mon propre cheminement vers une vie plus heureuse. Je veux ici partager avec mes lecteurs les pistes et outils qui les aideront à prendre conscience de leurs propres blocages, modifier leurs habitudes, et accéder au bonheur auquel ils aspirent.

* NOUVELLES ÉVASIONS *

Une collection de nouvelles, plus ou moins longues, dans lesquelles je prends parfois plaisir à explorer d'autres pans, plus sombres, de l'être humain. Un premier recueil intitulé *L'envers de nos vies* a été publié début 2016, ayant pour thème l'apparence et l'authenticité au travers du monde émotionnel...

TOUT CHARLIE

http://charlie-bregman.iggybook.com

Besoin d'aide en écriture ou auto-édition ?

Rejoignez également notre communauté sur Twitter :

@auteursindepend

L'auto-édition pourquoi comment pour qui

L'AUTO-ÉDITION
POURQUOI COMMENT POUR QUI
Copyright © 2015 Charlie BREGMAN
Mise à jour 29/02/2016
Tous droits réservés
ISBN-13 : 978-1517524197

charliebregman@gmail.com

* * * * *